La Guerre Vue Par Les Combattants Allemands...

Albert Pingaud

406

a

LA GUERRE

VUE PAR LES COMBATTANTS ALLEMANDS

OUVRAGES DU MÊME AUTEUR

Bonaparte, Président de la République Italienne
(La domination française dans l'Italie du Nord, 1796-1805),
2 vol. in-8. Perrin, 1914 (*Ouvrage couronné par l'Académie fran-*
çaise. Prix Thiers).

Les Hommes d'État de la République Italienne (1802-
1805). 1 vol. in-8. Champion, 1914.

L'Italie depuis 1870. 1 vol. in-12. Delagrave, 1915 (*Ou-*
vrage couronné par l'Académie des Sciences Morales. Prix Drouyn
de Lhuys).

Le Développement économique de l'Allemagne con-
temporaine (1871-1914). 1 vol. in-16, Berger-Levrault, 1916.

ALBERT PINGAUD

LA GUERRE

VUE PAR LES COMBATTANTS ALLEMANDS

PARIS

LIBRAIRIE ACADÉMIQUE

PERRIN ET Cie, LIBRAIRES-ÉDITEURS

35, QUAI DES GRANDS-AUGUSTINS, 35

1918

AVANT-PROPOS

Les pages qui suivent ont pour origine une étude à laquelle la *Revue des Deux Mondes* avait bien voulu donner asile, et où j'avais cherché à dégager les traits caractéristiques des premières productions de la littérature de guerre allemande. Le succès de cette enquête auprès du public m'a encouragé à la reprendre sur des bases plus larges et à la faire porter sur une période plus longue. Elle était d'abord limitée aux débuts de l'invasion en France : on la trouvera dans le présent volume étendue aux principaux théâtres d'opérations et poursuivie jusqu'à la troisième année de guerre. Les premières conclusions en ont été confirmées par le dépouillement de nouvelles publications, dont chacune m'a apporté son contingent de

détails pittoresques ou d'observations instructives.

La méthode documentaire étant la seule
qui convînt à un travail de ce genre, je n'ai
eu garde de m'en écarter. J'ai donc laissé le
plus souvent possible la parole aux auteurs
de lettres et de souvenirs du front allemand,
et je n'ai pas craint, pour dépeindre leur état
d'esprit, de multiplier des citations que je
me suis borné à commenter et à classer.
Rapprochés ainsi les uns des autres et grou-
pés autour de quelques idées générales, ces
témoignages pourront par leur ensemble
constituer un recueil, et peut-être commencer une série, qui ne sera, je l'espère, ni
sans intérêt pour le lecteur, ni sans utilité
pour les historiens de la guerre.

A. P.

LA GUERRE

VUE PAR LES COMBATTANTS ALLEMANDS

LIVRE PREMIER

LES OUVRAGES ET LES AUTEURS

Si l'invasion de nos provinces du Nord a représenté pour la France une cruelle épreuve, l'état d'esprit de ses envahisseurs lui apparaît encore comme une véritable énigme psychologique. Elle a découvert en eux une méconnaissance si complète des sentiments naturels à l'homme civilisé, un retour si brutal aux pires pratiques de la barbarie qu'elle se sent séparée de ses adversaires par un abîme moral plus profond que l'ardeur des rancunes nationales, et aussi large que l'espace de plusieurs siècles; il lui faut, pour comprendre leur mentalité, un effort intellectuel presque égal à l'effort militaire qui lui a été nécessaire pour repousser leurs attaques. Ont-ils cru de bonne

1

foi subir une guerre qu'ils avaient provoquée, pouvoir forcer une victoire qui s'est constamment dérobée à leur poursuite, être en état de justifier les excès qui ont partout marqué leur passage ? Les leçons de la réalité ont-elles modifié les préventions de leur chauvinisme contre les armées qu'ils avaient à combattre et les populations au milieu desquelles les ont conduits leurs premiers succès ? Quelles ont été enfin leurs impressions dominantes et quels spectacles les ont le plus frappés au cours de la campagne ? — Ce sont là autant de questions sur lesquelles la curiosité du public français n'a été jusqu'ici qu'incomplètement satisfaite. Sans doute, les « carnets de route » trouvés sur certains combattants allemands, et dont plusieurs ont été publiés, représentent par leurs garanties de sincérité des « documents humains » de premier ordre; mais ils ont été écrits à la hâte, et les détails matériels qui les remplissent presque exclusivement peuvent servir à préciser des faits plutôt que des idées. Pour reconstituer l'âme collective de l'armée d'invasion, il est nécessaire de recourir à des témoignages moins spontanés peut-être et moins rapides, mais plus réfléchis et plus complets, tels que les souvenirs de campagne ou les recueils de lettres du front imprimés en Allemagne depuis le début de la guerre. Leurs auteurs, ayant eu le temps d'approfondir leurs premières impressions, ont tracé d'eux-mêmes une image flattée sans doute, mais à laquelle leurs réticences ou leurs aveux permettront d'apporter toutes les retouches désirables.

Ces documents se présentent au lecteur en telle abondance qu'il semble devoir éprouver plus de difficultés à les choisir qu'à les trouver. Le fait n'a rien de surprenant pour qui se rappelle l'un des traits dominants de la mentalité germanique. De tous les Européens, l'Allemand est peut-être celui qui éprouve le plus de peine à se tenir tranquille devant une feuille de papier blanc. Il suffit d'avoir habité son pays et parcouru ses journaux pour constater combien est impérieux chez lui, à quelque classe sociale qu'il appartienne, le besoin de mettre le public dans la confidence de ses sentiments personnels ou de ses idées générales. Cette incoercible graphomanie devait s'exercer avec une intensité particulière au spectacle d'une crise nationale propre à exalter toutes les âmes. Aussi la « littérature de guerre » a-t-elle pris en Allemagne un tel développement depuis le début des hostilités que les productions en forment déjà une véritable bibliothèque ; le catalogue, qui en est dressé périodiquement, sous la forme d'un bulletin trimestriel, par une grande maison d'éditions de Leipzig[1], comprend dès maintenant plusieurs

1. *Die deutsche Kriegslitteratur*, à la « Hinris'che Buchhandlung » de Leipzig.

milliers de numéros. Comme on le voit par ces chiffres, ce n'est pas seulement dans la conduite de la guerre, mais encore dans sa documentation qu'a sévi la manie du colossal!

Ce serait une entreprise chimérique et à certains égards inutile que de tenter un dépouillement complet d'une masse aussi énorme d'œuvres de circonstance. Il suffira, pour en dégager la signification, de marquer les divisions qu'établissent entre elles leur forme extérieure ou la personnalité de leurs auteurs, et de s'attacher ensuite, dans chacune des catégories ainsi déterminées, aux deux ou trois ouvrages les plus représentatifs de l'ensemble du groupe.

I

LES OFFICIERS DE CARRIÈRE

Il semblerait au premier abord naturel d'attribuer une importance et un intérêt particuliers aux mémoires des chefs attitrés de la caste militaire, officiers supérieurs ou subalternes de l'armée active. En fait, ceux-ci n'ont apporté à la chronique de la guerre qu'une contribution inférieure à ce qu'on pouvait attendre de leur compétence, de leur situation officielle ou de leurs moyens d'information. La plupart d'entre eux se sentaient peu de goût pour le métier de publiciste, et les autres, absorbés par une besogne plus urgente, n'ont eu le loisir de le devenir que lorsqu'une blessure inopportune est venue interrompre pour un temps leur activité guerrière.

La plupart de leurs souvenirs — et c'est là une première infériorité — n'embrassent donc qu'une période très restreinte de la campagne. Pour le général de Moser par exemple[1], le plus

1. Von MOSER, *Kampf und Siegestage* 1914. Berlin, Mittler und Sohn, 1915.

élevé en grade, c'est le mois compris entre la mobilisation et le 2 septembre, date à laquelle une blessure force l'auteur à abandonner le commandement de la brigade wurtembergeoise qu'il a conduite, à travers le Luxembourg, jusqu'à Dun-sur-Meuse. — C'est dans une région et une armée voisine, mais jusqu'à une date à peine postérieure que nous mène la relation anonyme d'un officier saxon qui doit être évacué à la veille de la bataille de la Marne, après s'être avancé jusqu'aux environs de Châlons[1]. — Le lieutenant de Bülow, du 14ᵉ bataillon de chasseurs à pied, n'est apparu que plus tard sur le théâtre principal de la guerre. Appartenant au corps d'armée d'Alsace, il reste pendant tout le mois d'août à la garde des Vosges. Au début de septembre, il est transporté en toute hâte en Picardie pour soutenir la retraite des troupes battues à la Marne. Il prend part alors à la bataille de l'Aisne, à la fin de laquelle (22 septembre) il est frappé d'un éclat d'obus et renvoyé en Allemagne[2].

Les souvenirs de deux autres officiers de carrière, le lieutenant d'artillerie Walther Reinhardt[3] et le capitaine adjudant-major Otto

1. *Unser Vormarsch bis zur Marne (aus dem Kriegstagebuch eines sächsischen Offiziers)*. Berlin, Mittler und Sohn, 1915.

2. ALEXANDER VON BÜLOW, *Die Jäger vor !* Leipzig, Brockhaus, 1917.

3. WALTHER REINHARDT, *Sechs Monate Westfront*. Berlin, Mittler und Sohn, 1915.

von Gottberg[1] nous font assister à une phase différente et ultérieure de la campagne. Au début, en effet, tous deux sont retenus dans leurs garnisons, l'un par une banale entorse, l'autre par la nécessité d'organiser un bataillon de réserve. Quand sa troupe est prête, ce dernier la conduit en Lorraine, pour l'encadrer dans une division, l'accompagne à la bataille du Grand-Couronné, et s'embarque avec elle (22 septembre) pour la Belgique occidentale, qu'il parcourt sans résistance jusqu'à Ostende. Cette randonnée, que lui-même qualifie d' « idyllique », devait être suivie pour lui d'un terrible réveil : la bataille de l'Yser, dont il décrit la tragique horreur dans un récit interrompu sans raison apparente, mais non peut-être sans intention, à l'instant précis où elle commence à mal tourner pour ses compagnons d'armes. — A ce point de vue, l'œuvre de Reinhardt l'emporte en étendue sur la sienne, puisqu'elle ne s'arrête qu'au bout de six mois de campagne et à la fin du premier hiver de tranchées. L'auteur, après avoir séjourné en septembre à Namur, a assisté à la prise de Lille (4 octobre) puis s'est vu transféré au début de décembre à Pont-Faverger, près de Reims, d'où une blessure le force à regagner l'Allemagne.

1. OTTO VON GOTTBERG, *Als Adjutant durch Frankreich und Belgien*. Berlin, Scherl, 1915.

Malgré leurs différences de grade ou de caractère, tous ces officiers se rapprochent par
quelques traits communs. Hommes de métier,
ils se montrent en général trop préoccupés
du côté technique de la guerre pour en saisir
le pittoresque extérieur ou la signification
morale, trop rompus à l'obéissance passive
pour discuter les ordres de leurs supérieurs
ou analyser les mobiles de leur propre dé-
termination. Bornés dans leur horizon, tranchants dans leurs jugements, assez ternes dans
leurs peintures, réservés même dans leurs
rares effusions, ils donnent une impression
d'impersonnalité d'autant plus marquée que
leur situation est plus élevée. Si Gottberg l'emporte sur tous par la liberté des allures et le
sens de l'observation, c'est peut-être qu'ayant
quitté le service actif depuis quelques années,
il se trouve de ce fait plus dégagé des servitudes professionnelles.

Les uns comme les autres d'ailleurs se dis-
tinguent par une absence de sens critique qui
représente, avec un sujet constant d'étonnement pour le lecteur, le principal intérêt de
leur psychologie. Comment ne pas être surpris, en effet, de voir des hommes si fiers de
leur origine sociale ou de leur culture intellectuelle accepter comme sans examen et répéter comme un mot d'ordre les légendes les
plus absurdes et les raisonnements les plus
simplistes? En veut-on des exemples? Pour

expliquer sans doute la rareté des prisonniers faits par leurs troupes, le général de Moser et l'officier saxon racontent sérieusement que les soldats français, en vertu d'un usage immémorial et peut-être de prescriptions officielles, emportent dans leur sac un habillement civil complet. S'ils se voient serrés de trop près, ils dépouillent leur uniforme, se transforment en paysans pacifiques et peuvent ainsi, soit échapper à leurs poursuivants, soit revenir les attaquer par derrière [1]. L'invraisemblance d'une pareille imputation frappe les yeux les moins prévenus. — Malgré ses prétentions à l'impartialité, Gottberg ne nous offre pas un spécimen moins significatif des aberrations auxquelles peut entraîner l'aveuglement national. Dans sa marche sur Ostende, sa division est précédée par la terrible renommée que les horreurs de Louvain et de Termonde ont value aux bandes germaniques; les routes se couvrent d'une lamentable caravane de femmes, de vieillards et d'enfants qui fuient leur approche. Il semble qu'un officier français eût été un peu honteux de cette panique pour l'honneur de son armée; elle n'inspire à Gottberg que cette apostrophe inattendue : « C'est ainsi que des gens inoffensifs doivent expier le crime capital des Poincaré et consorts, de ces avocats et politiciens

---

1. Von Moser, p. 22; *Unser Vormarsch bis zur Marne*, pp. 37 et 51.

qui, fuyant d'une ville à l'autre en chapeau haut de forme, ne font la guerre qu'au moyen de hideux mensonges... Ne nous en indignons pas et soyons assez fiers pour ne pas en entreprendre la réfutation (!), car c'est sur l'ennemi qu'ils retombent. Les dévastateurs de leur patrie, les massacreurs de leurs concitoyens, ce sont les Poincaré et compagnie[1]! » Voilà désormais les Allemands en paix avec leur conscience et les Belges dûment avertis. Si les uns se sont conduits comme des brutes en pays occupé, les autres doivent s'en prendre aux avocats qui gouvernent la France. C'est ainsi que pourrait raisonner un paysan inculte, fanatisé par la presse chauvine et incapable de se faire une opinion par lui-même. Comment ne pas être surpris de retrouver de pareils arguments dans la bouche d'un représentant de l'élite allemande !

Une dernière remarque peut servir à compléter la physionomie morale des officiers de carrière. Lorsqu'ils franchissent la frontière belge et portent les ravages de la guerre dans un pays dont leur souverain avait solennellement garanti la neutralité, pas un n'éprouve le besoin de s'interroger, ne fût-ce que dans le dessein de la justifier, sur la légitimité de cette invasion. Sans doute l'on sait d'avance dans quel sens et au moyen de quels sophismes ils

1. GOTTBERG, p. 69.

auraient résolu la question, mais on leur saurait gré au moins de se l'être posée, au lieu de ne pas sembler la soupçonner. Leur inconscience à cet égard va si loin qu'en Belgique ils s'étonnent de l'expression d'animosité qu'ils lisent dans les yeux des habitants et dont ils cherchent vainement la raison. Aucun exemple ne montre plus clairement quelle influence l'automatisme de la discipline a exercé sur leurs facultés de réflexion personnelle et comment l'habitude d'obéir a peu à peu étouffé en eux la force de penser.

II

LES RÉSERVISTES

Ce n'est pas seulement une armée, c'est surtout une nation armée que l'Allemagne a lancée sur les champs de bataille de la guerre européenne. Dès le début d'une mobilisation
accomplie avec une foudroyante rapidité, ses
unités permanentes ont été noyées dans un flot
de réservistes de toute origine. Parmi eux,
les simples soldats, recrutés dans les couches
profondes de la société, se sentaient trop étrangers au métier d'écrire pour songer à donner
une forme littéraire à leurs impressions de
campagne; ils se sont contentés de les confier
à des lettres particulières, imprimées pour la
plupart dans des recueils spéciaux, qui seront
examinés plus loin. En revanche, les membres
de la classe moyenne, et surtout les intellectuels et professeurs, ont apporté dans les camps
cette incontinence de plume dont ils avaient
contracté l'habitude dans la vie civile. Ce sont
eux qui fournissent le contingent le plus im-

portant à cette littérature de mémoires sur la guerre.

Ils y sont d'abord représentés par un ouvrage qui mérite une mention particulière, comme étant un de ceux dont la lecture paraîtra le moins pénible et la plus intéressante pour un Français. C'est le volume qui porte, sous la signature de Félix Marschner, ce simple titre : *Avec la 23ᵉ division de réserve. Souvenirs de guerre.* Appartenant à l'armée saxonne, comme l'officier anonyme dont on a retracé plus haut les étapes, l'auteur a suivi à peu près le même itinéraire. Entré en Belgique par la frontière luxembourgeoise, il l'a traversée du Nord au Sud pour continuer sa marche sur le territoire français jusqu'aux alentours d'Epernay. La résistance victorieuse qu'y rencontre sa division le force alors à reculer jusqu'aux environs de Reims, où le surprend l'hiver et où s'arrête sa relation. L'intérêt de son œuvre et de sa personne dépasse peut-être l'importance des événements auxquels il lui a été donné d'assister. Saxon de naissance et commis voyageur dans la vie civile, il tient de son origine un caractère plus sociable que celui des Allemands du Nord et de sa profession errante une culture superficielle qui lui tient lieu de largeur d'esprit. Sans pouvoir prétendre au talent littéraire, il

---

1. FELIX MARSCHNER, *Mit der 23ᵗᵉⁿ Reserve-Division durch Belgien und Frankreich. Kriegserlebnisse.* Leipzig, 1915.

sait retenir l'attention par la simplicité imagée et le mouvement rapide du récit, la vivacité spontanée des impressions et la réalité pittoresque du détail. Enfin il inspire confiance par un ton de sincérité assez rare chez ses compagnons d'armes. Il rapporte les scènes tragiques dont il est le témoin sans paraître soupçonner la portée de ses dépositions et il est l'un des seuls à laisser entendre que la reculade des troupes allemandes après la bataille de la Marne a été autre chose que le résultat d'une manœuvre stratégique.

Les écrivains de métier devenus soldats par devoir ne pouvaient pas montrer une moindre fécondité que les écrivains d'occasion. La guerre devait leur permettre de renouveler à la fois les sources de leur inspiration et les fondements de leur renommée par des œuvres dont le sujet suffirait à soutenir l'intérêt et à assurer le succès. Ils n'ont eu garde de laisser échapper l'occasion et quelques-uns même ont pu prêter au reproche d'en avoir abusé. Tel a été le cas notamment de deux romanciers connus, Heinz Tovote[1] et Paul Oskar Hœcker[2], lorsqu'ils ont jugé dignes d'être présentés au public des souvenirs qui n'avaient guère de prix que pour eux-mêmes.

1. Heinz Tovote, *Aus einer deutschen Festung im Kriege*. Berlin, Ullstein, 1915.

2. Paul Oskar Hœcker, *An der Spitze meiner Kompagnie*. Berlin, Ullstein, 1914.

Le premier, ancien officier de l'armée active, avait, avant la guerre, obtenu par ses nouvelles bavaroises des succès de librairie auxquels son goût pour les gravelures n'était peut-être pas tout à fait étranger; capitaine de landwehr à la mobilisation, il n'a pas été envoyé au front et s'est trouvé réduit à donner à son livre le titre modeste de : *Dans une forteresse allemande pendant la guerre.* La crise de juillet 1914 l'avait surpris en pleine villégiature dans une localité reculée des Dolomites. Il obtient un effet de pittoresque facile en racontant longuement les laborieuses péripéties de son retour en Allemagne : tout d'abord son isolement subit dans un hôtel de montagne que la nouvelle de la mobilisation vide de tous ses habitants; puis son voyage en voiture à travers les hautes vallées tyroliennes pour gagner le territoire italien, où fonctionne encore un service de chemins de fer régulier; son bref séjour à Venise et à Vérone, au milieu d'une population dont il note avec un dépit mal contenu les regards méfiants et l'attitude équivoque; son passage nocturne sur la ligne du Brenner, en pleine atmosphère de guerre, à travers des gares encombrées de réservistes, étincelantes de lumières et retentissantes de hourrahs; enfin, de la frontière à Berlin, l'assaut donné par des familles regagnant leurs foyers à de rares trains surchargés de voyageurs, et arrêtés tous les instants pour laisser passer les convois militaires ou permettre les perquisitions que multiplie la crainte maladive des espions [1].

A ces pages mouvementées succède malheureusement trop tôt le tableau monotone d'une existence écoulée à l'intérieur d'une forteresse (probablement Ingolstadt) et consacrée presque uniquement à l'instruction des recrues et à la garde des prisonniers. Pour dissimuler le vide de ces occupations, Tovote s'efforce d'en forcer l'intérêt par l'importance qu'il leur donne et qu'il se donne. Il raconte comme un exploit son voyage en chemin de fer pour accompagner jusqu'à Plassenburg un transport de 300 officiers français prisonniers, et lorsqu'un de ceux-ci meurt en captivité, il décrit la parade d'enterrement, à laquelle il préside, du même ton qu'un général donnant sur le champ de bataille les ordres qui décideront la victoire[2]. Le lecteur français ne peut manquer d'être choqué par cette disproportion constante entre l'insignifiance du sujet et la grandiloquence de l'auteur; sa curiosité sera pourtant retenue par la description vivante et détaillée d'une représentation théâtrale dans un camp de prisonniers[3].

Quant à Hœcker, ami personnel et confrère en littérature de Tovote, son rôle, pour avoir été plus actif, ne semble guère plus glorieux. A la descente du train qui l'a conduit de Wit-

1. TOVOTE, pp. 1-48.
2. TOVOTE, pp. 88-102 et 169-179.
3. TOVOTE, pp. 190-202.

temberg à Aix-la-Chapelle, il est employé avec sa compagnie de landwehr à des opérations de « nettoyage » aux environs de Liége, prise quelques jours auparavant; sa besogne consiste à parcourir les fermes éparses dans la banlieue, pour en fusiller les habitants s'ils ont le tort de conserver des armes dans leur cave ou le malheur d'avoir une mine suspecte. Après cette brillante entrée en campagne, il est dirigé sur Louvain, dont les incendies fument encore à son passage, et il traverse jusqu'à Maubeuge toute la Belgique, hanté par le double souci de justifier les dévastations dont il est le témoin et de préserver sa précieuse personne des embûches qu'il y redoute : il se félicite notamment d'avoir emporté avec lui un rasoir mécanique (même de fabrication anglaise!), tant la perspective de confier son menton à un barbier belge lui semble terrifiante[1]!

Sur le territoire français, il se sent plus rassuré, n'ayant été exposé devant Lille qu'à une fusillade assez inoffensive, mais assez nourrie cependant pour qu'il puisse l'appeler son baptême du feu. Après l'occupation de la ville, il y mène une existence de garnison, en visite les curiosités et, faute de mieux, nourrit son récit par des remarques qu'il voudrait rendre ironiques sur les gens et les choses de France. Sa vocation militaire devait être d'ailleurs

_____

1. HŒCKER, pp. 38.

2

peu solide, car on a su, depuis la publication de ses souvenirs, qu'il avait échangé le commandement de sa compagnie contre des fonctions civiles assez mal définies, mais ressemblant à s'y méprendre à celles de mouchard ou de garde-chiourme. Une photographie reproduite sur la couverture de son volume, conformément à une habitude assez répandue en Allemagne, a pour objet de nous faire admirer les avantages de sa figure : elle nous permet de contempler une face rasée, aux lèvres minces, aux yeux fuyants sous le binocle, évoquant à la fois l'aspect monacal du maréchal de Moltke et le type classique du domestique de bonne maison ou du cabotin de province. Ce dernier rapprochement est d'ailleurs le plus indiqué, le père de Hœcker ayant acquis une certaine réputation comme acteur.

C'est une toute autre valeur que présente le *Journal de campagne* d'Artur Kutscher[1], soit pour l'histoire du début de la guerre, soit pour la psychologie d'une classe importante de combattants allemands. Appartenant comme officier de complément au 92ᵉ régiment d'infanterie de réserve, l'auteur a fait partie de ces troupes de choc qui, après une course précipitée à travers la Belgique, ont paru sur les champs de bataille de Charleroi, de Saint-Quentin, de Ribécourt et du Petit-Morin, avant d'al-

---

1. Artur Kutscher, *Kriegstagebuch*. Munich, Beck, 1915.

ler éteindre leurs ardeurs et ensevelir leurs espérances dans les tranchées des environs de
Reims. Il a donc assisté, toujours en première
ligne, aux combats décisifs de la première
partie de la campagne.

C'est ailleurs toutefois que réside le principal
intérêt de ces souvenirs : la physionomie morale qui s'en dégage personnifie avec éclat le
type de ces universitaires qui apparaissent eux-
mêmes comme si représentatifs de la jeune
Allemagne. Hanovrien d'origine, Kutscher exer-
çait avant la guerre les fonctions de *privat-
docent* à Munich. Professeur et professeur allemand, il l'est jusqu'aux moelles, dans son
extérieur comme dans sa façon de penser, dans
ses qualités comme dans ses ridicules, et lui-
même n'a garde de nous le laisser oublier. Il
prend soin de nous rappeler comment, à la veille
d'un voyage en Tyrol qu'interrompra la nouvelle de la guerre, il termine l'année scolaire
par la beuverie d'usage (*Semesterschlusskneipe*)
dans un hôtel de Munich; comment, au moment de partir au front, il a le regret de laisser incomplètement imprimée une savante étude
sur *les Poètes de la Basse-Saxe;* comment,
pour reconnaître le bon accueil d'une hôtesse
de passage, il ne trouve rien de mieux que de
lui offrir un de ses autres ouvrages du même
genre; comment enfin, au mois de février suivant, la nouvelle de sa titularisation vient le
surprendre au milieu des boues de la Cham-

pagne[1]. Professeur allemand, il le paraît encore par le ton imperturbablement doctoral de son style et de ses appréciations. « Mes préférences vont à ce qui est massif », déclare-t-il un jour, non sans complaisance[2]; on ne s'en aperçoit que trop à ses jugements sur les ouvrages français tombés entre ses mains. Si les contes de Maupassant trouvent grâce à ses yeux, les œuvres de Dumas fils et d'autres auteurs dramatiques à la mode lui inspirent par leur légèreté un sentiment de pitié dédaigneuse. Quant à Châteaubriand, il avoue ne pas goûter ses « fantaisies bleuâtres et anémiques » et ne pouvoir découvrir dans *Atala* qu'«une douceur d'opérette, bien éloignée de la nature primitive[3]. » L'épithète de « frivole », qu'il prodigue à tout propos, lui paraît une condamnation sans appel, dont la vertu propre le dispense de toute autre justification; aussi l'emploie-t-il pour écarter d'un mot les légitimes protestations soulevées dans le monde civilisé par le bombardement de la cathédrale de Reims[4]. Lui-même d'ailleurs semble constamment obsédé par la crainte d'être taxé de « superficiel » (*oberflächlich*).

Ses idées morales portent la même marque que ses appréciations courantes. La plus persistante paraît être, à défaut de conviction reli-

---

1. KUTSCHER, pp. 1, 6, 12, 250.
2. KUTSCHER, p. 117.
3. KUTSCHER, pp. 124, 136.
4. KUTSCHER, p. 150.

gieuse, une foi mystique en la *Kultur* considérée comme une divinité abstraite et d'ailleurs assez mal définie, à laquelle un inexorable impératif catégorique lui commande de s'offrir en holocauste : « Je descends dans la lice déclare-t-il, pour la *kultur* et l'art, c'est-à-dire pour ce qu'il y a de plus profond et de plus précieux dans la vie des peuples... Je répète que c'est en méconnaître l'importance que de n'être pas prêt à lui sacrifier sa personne et même sa vie[1]. » Bien qu'il se défende d'appartenir à aucune église, il s'abandonne fréquemment aux élans d'une vague religiosité, dont le fond semble être une sorte de panthéisme mystique. Quand il se sent accablé sous le poids de ses graves méditations, il s'en décharge volontiers sur ses auditeurs. Il lui arrive d'écrire après une promenade avec deux officiers : « Nous avons parlé de l'homme et de la femme, du temps et de l'éternité, de la vie et de la mort, de Dieu et de la religion[2]. »

On s'habituerait volontiers à voir en lui un penseur en uniforme, habitué à planer sur les cimes, au-dessus des bassesses humaines; mais quand il retombe de ses envolées métaphysiques dans les vulgarités de la vie matérielle, à quelle profondeur ne s'y enfonce-t-il pas! Écoutez par exemple à quelle singulière comparaison il a recours pour démontrer la néces-

1. KUTSCHER, p. 156.
2. KUTSCHER, p. 135.

sité de « tenir jusqu'au bout ». « Qu'il en coûte
ce qu'il faudra, écrit-il sans sourciller, une paix
boîteuse serait la pire des solutions. Il en est
de la paix comme des latrines de campagne :
si l'on en creuse de petites, on doit recommencer le travail au moins une fois par semaine;
mais si elles atteignent la profondeur de la
taille humaine, elles peuvent servir longtemps[1]. »
Il revient encore plus loin sur les soucis que
lui inspire cette dernière question. Ailleurs, à
l'occasion de la Noël, il s'étend sur le contenu
des colis postaux de cadeaux venus d'Allemagne et il déclare gravement qu'en campagne l'envoi d'un rouleau de *klosettpapier* peut
« émouvoir jusqu'à l'âme » le destinataire[2].
Était-il nécessaire d'investir le lecteur d'une
confidence exprimée en termes aussi étranges?
La violence même du contraste qu'elle présente
avec les préoccupations habituelles de Kutscher
nous fait toucher du doigt l'incroyable absence
de goût qui accompagne souvent en Allemagne
la plus haute culture intellectuelle[3].

---

1. KUTSCHER, p. 215.

2. KUTSCHER, p. 208.

3. Ce n'est pas seulement à Kutscher que pourrait s'appliquer cette observation. Au cours de sa visite aux tranchées près de Noyon, le journaliste ROSNER (*Vor der Drahtverbau*, p. 86) prend soin, pour nous donner une idée de la
prévoyance du commandement, de nous signaler l'existence
de latrines militaires de sûreté, réservées pour les cas de
bombardement. De son côté HEGELER, littérateur engagé
comme volontaire dans la Croix-Rouge, nous rapporte lon-

Des traits de ce genre provoquent sans doute

Des traits de ce genre provoquent sans doute
le sourire, mais ne doivent pas nous faire oublier la précieuse valeur documentaire de
l'œuvre de Kutscher. En raison même de l'objectivité à laquelle il prétend, il accomplit un
visible effort de sens critique, cherche à s'élever au-dessus des préjugés de ses camarades,
et nous livre parfois des renseignements et des
aveux que nous chercherions vainement ailleurs.

On peut rapprocher de ce journal de route le
recueil des lettres écrites à sa femme par un
ingénieur devenu lieutenant de pionniers de
réserve, Reinhart Biernatzki[1]. Les deux auteurs
ont, en effet, suivi à peu près le même itinéraire
de campagne et présentent une évidente parenté
d'esprit. Comme Kutscher, Biernatzki semble
partagé entre son âme et son estomac, entre les
recherches de la plus haute spéculation et les
soucis les plus prosaïques. Dans ses lettres,
des citations d'Aristote et de Spinoza, des méditations sur la mort, des développements sur
la philosophie de Kant ou sur les sources historiques des Évangiles alternent trop souvent
avec les descriptions des « puissants » repas

guement (*Bei unseren Blaujacken*, p. 32) les plaisanteries qu'il
échange avec un de ses malades sur le choix de la « littérature » destinée à l'usage le plus intime des hôpitaux militaires.

1. Reinhart Biernatzki, *Als Pionier in Frankreich*. Leipzig,
Velhagen und Klasing, 1915.

(c'est son épithète favorite) qu'il lui est donné de faire. Le manque d'équilibre mental qu'accusent ces contrastes semble décidément un des traits caractéristiques de l'âme allemande.

III

LES PUBLICISTES

A côté des combattants proprement dits, un certain nombre de civils ont été les témoins volontaires de leurs luttes et les ont secondés dans la tâche de nous en présenter le tableau.

Pour les Allemands, en effet, la guerre actuelle ne se livre pas seulement sur le champ de bataille ; ils ont eu la préoccupation de la gagner aussi dans l'opinion. Avec le talent d'organisation qu'il serait malséant de leur méconnaître, ils n'ont eu garde de laisser inutilisée la moindre des forces morales par lesquelles ils croyaient pouvoir agir sur les esprits. En fait, ils ont tenté depuis longtemps dans l'ordre intellectuel l'essai de cette mobilisation civile dont le manque de main-d'œuvre les force maintenant de généraliser l'emploi. Dès le début des hostilités, quelques écrivains ou journalistes, dégagés de toute obligation militaire et désireux de contribuer par la plume à la victoire de leur patrie, ont reçu les facilités les plus larges, accompagnées parfois des offres les plus avantageuses, pour se rendre sur le front et en apporter des impressions de nature à soutenir la confiance du pays et la bienveillance des neutres. Les publicistes étrangers ont été particulièrement recherchés pour cet office, en raison du crédit que leur impartialité apparente devait donner à leurs témoignages. Trois œuvres de circonstance semblent, au milieu de beaucoup d'autres, résumer les résultats de cette propagande semi-officielle : celles du voyageur suédois Sven Hedin[1], du poète autrichien Hans Bartsch[2] et du romancier bavarois Ludwig Ganghofer[3].

Le nom du premier ne saurait être prononcé en France sans y éveiller un légitime sentiment de répulsion. Appartenant à l'une de ces petites nationalités que leur insignifiance même mettait à l'abri et devait laisser à l'écart du conflit mondial, il a pris publiquement parti pour les Empires centraux ; il a mis à leur service l'autorité d'une réputation scientifique encore intacte pour les masses, quoique depuis longtemps compromise aux yeux de ceux qui se rappellent les fantaisistes correspondances de Bakou par lesquelles il préludait, il y a quelque

1. SVEN HEDIN, *Ein Volk in Waffen.* Berlin, 1915.
2. RUDOLF HANS BARTSCH, *Das deutsche Volk in schwerer Zeit.* Berlin, Ullstein, 1915.
3. LUDWIG GANGHOFER, *Reise zur deutschen Front.* Berlin, Ullstein, 1915.

trente ans, aux succès de sa future carrière d'explorateur. Reçu avant la guerre à Paris avec tous les honneurs dus à sa renommée, il n'a pas rougi de revenir dans les fourgons de l'envahisseur sur un sol où il avait été accueilli en hôte et en ami. Les mobiles de sa conduite apparaissent trop clairement dans les chiffres des abondantes souscriptions officielles accordées à son ouvrage. Il cherche à la justifier par la curiosité d'assister, sur les lieux mêmes, à l'une des crises les plus tragiques de l'histoire mondiale ; puis, comme ce désir ne suffisait pas à expliquer sa présence dans un camp plutôt que dans un autre, il finit par avouer avoir été attiré par un vague instinct de solidarité ethnique vers les Allemands, représentants de cette race germanique à laquelle il se fait gloire d'appartenir comme Suédois. Comme il a, malgré tout, conscience des suspicions auxquelles prête son rôle, il ne peut chasser de son esprit certains scrupules et il cherche au cours de la campagne à sauvegarder sa dignité personnelle en offrant de payer son écot aux hôtes français chez lesquels l'a logé l'État-major. La même recherche d'apparente impartialité lui fait insérer dans son livre, au milieu d'un panégyrique en règle de l'armée allemande, les appréciations favorables qu'il a pu recueillir autour de lui sur l'armée française et ses chefs. L'on peut donc dire à sa décharge que son œuvre est moins répugnante que son geste ; et nous y découvrirons, à défaut d'excuses pour l'auteur, de justes sujets d'orgueil pour notre pays.

Si Hans Bartsch se rapproche de Sven Hedin par les sentiments qu'il exprime, il a pourtant sur lui une double supériorité. Autrichien de naissance et par suite intéressé dans la lutte dont il suit les péripéties, il peut trouver dans son patriotisme une justification de sa partialité pour les alliés de son peuple. Ne se sentant point gêné dans ses épanchements, comme son émule suédois, par la fausseté de sa situation, il s'abandonne à son enthousiasme avec une ardeur qui prête au sourire plutôt qu'à l'indignation, et qui met comme une note comique dans un sujet douloureux. Appartenant à la famille de ces domestiques internationaux que possède toujours le besoin de chercher des modèles et des maîtres en dehors de leur patrie, il réalise le type du pangermaniste absolu et aveugle, naïf et fanatique. Le livre de souvenirs qu'il rapporte de son excursion en Belgique et dans le Nord de la France représente un cantique de louanges continues à l'adresse de l'Allemagne et de son armée. Il exalte tout en elle, sans réserve comme sans atténuation.

S'agit-il d'une guerre conduite avec un si complet mépris du droit des gens, après avoir été déchaînée avec une si criminelle légèreté ?

Loin de la considérer comme un fléau, à l'exemple de tant d'esprits bornés, Bartsch la salue au contraire comme un bienfait, parce qu'elle rassemblera autour de leur tronc commun les rameaux divergents de la race germanique; bien plus, il en appelle de ses vœux une seconde, destinée à compléter plus tard les résultats de la première par la réunion à la patrie commune « des Pays-Bas, du Brabant et de la Suisse[1] ». Aveu un peu imprudent pour l'auteur et agréable perspective pour les neutres! Se voit-il forcé, pendant son séjour en Belgique, de faire au moins une allusion aux rigueurs sanglantes exercées un peu avant son arrivée contre la population civile? Non seulement il les excuse, mais encore il les proclame nécessaires et salutaires pour prévenir les excès d'une guerre de francs-tireurs. « Mieux vaut, affirme-t-il, un exemple terrible et immédiat que du sang, du feu et des larmes à l'état chronique, comme pendant la période de misère de la guerre de Trente ans[2]. »

Approbateur aussi passionné de l'Allemagne, Bartsch ne pouvait que se montrer sévère pour ses ennemis. Il avoue avoir éprouvé pour les Belges, avant de venir chez eux, une instinctive commisération. Il repousse ce sentiment comme un remords quand il observe de quel

1. BARTSCH, p. 38.
2. BARTSCH, p. 185.

œil chargé de haine la plupart d'entre eux, surtout les ecclésiastiques, considèrent les uniformes allemands. Il n'est pas loin de les taxer d'ingratitude, car ils n'ont, pour comprendre leur bonheur, qu'à comparer l'humanité de leurs envahisseurs avec la conduite des Russes en Prusse-Orientale et en Galicie[1]. — Mais c'est surtout sur le territoire français que les appréciations de l'auteur s'élèvent aux plus hauts sommets de la niaiserie. Logé dans les châteaux des riches industriels du Nord, il ne peut se défendre d'un écœurement à la vue de leurs installations; il critique avec la dernière âpreté le faux luxe à bon marché, le clinquant prétentieux, la vulgarité théâtrale des ameublements, l'abus des plaqués, des simili-bronzes ou des articles de bazar, en un mot tous les traits caractéristiques de la camelote allemande, telle que le *modern style* de Vienne ou de Munich en offre de parfaits échantillons. « Et dire, conclut-il avec mélancolie, qu'un pareil peuple a pu pendant tant d'années, faire illusion au monde entier sur le développement de sa *kultur!* Mais il y en a plus dans le moindre abri de fantassin allemand que dans toutes les demeures des richards français[2]! »

Cette remarque lui sert de transition pour établir un parallèle en règle entre les tran-

---

1. BARTSCH, pp. 183, 186.
2. BARTSCH, p. 212.

chées des deux adversaires en présence : les
unes sont entretenues avec une irréprochable
propreté, décorées avec un goût parfait, ornées
de peintures qui rappellent l'art naïf des pri-
mitifs et reflètent la beauté morale de leurs
auteurs ; les autres au contraire présenteraient
un aspect de désordre, de saleté, de négligence
et de gaspillage. Bartsch voit dans ce contraste
l'opposition de deux civilisations, et comme
une preuve nouvelle de la supériorité germanique [1].

Au milieu de ses effusions admiratives, on
chercherait en vain une mention de son propre
pays : il se sent tellement fier d'être Allemand
de race qu'il en oublie d'être Autrichien de
nationalité. Pour le dire en passant, son exemple
peut servir d'instructif avertissement à tous
ceux qui supposent à la monarchie danubienne,
intoxiquée maintenant par le poison pangermaniste, assez d'indépendance morale pour reprendre le rôle historique de rivale de la
Prusse. Bartsch semble au contraire appeler
de ses vœux le sacrifice volontaire de tous les
particularismes d'État à la grande cause de
l'unité germanique. — Une arrière-pensée
vient toutefois troubler pour lui la joie de cette
perspective : les sentiments qu'il professe pour
ses frères du Nord ne lui paraissent pas suffisamment payés de retour. Il éprouve une

---

1. BARTSCH, p. 225.

certaine amertume à se voir, malgré l'uniforme
d'officier de réserve autrichien dont il est re-
vêtu, traité par eux en Allemand de troisième
classe ; la rudesse de leurs manières contraste
fâcheusement à ses yeux avec la traditionnelle
affabilité viennoise ; il ne peut s'habituer à
entendre répondre par un « oui » ou un « non »
bien secs aux questions qu'il leur pose, au
cours de son voyage dans leur pays. Il doit
reconnaître que s'ils ont parfois forcé l'estime,
ils n'ont jamais su gagner les sympathies de
leurs voisins ; en terminant ce monument de
flatterie élevé à leur gloire, il les supplie élo-
quemment d'ajouter à leurs solides vertus
quelques qualités aimables, par lesquelles ils
conquèreront tous les cœurs. Après quatre années d'occupation allemande en Belgique, il
serait curieux de savoir ce que l'auteur pense
maintenant du succès de ses objurgations.

La légère critique par laquelle il croit devoir
tempérer l'exagération continue de ses louanges
n'a jamais sans doute effleuré l'esprit de Ludwig Ganghofer, ce polygraphe bavarois que la
faveur impériale semble avoir promu à la dignité de grand maître du reportage officiel.
Son nom et son rôle, vulgarisés par certaines
informations de presse, ne sont pas tout à fait
inconnus du public français. Successivement
mécanicien, ingénieur, auteur et critique dramatique, directeur de théâtre et surtout ro-

mancier, Ganghofer s'était signalé depuis une vingtaine d'années par une production littéraire aussi variée qu'ininterrompue, mais plus abondante peut-être que choisie; vers la soixantaine, la guerre lui a inspiré l'ambition de couronner sa carrière par le titre d'écrivain national. Pour le mériter, il n'a d'ailleurs pas ménagé sa peine; on l'a vu successivement se rendre d'abord au front français (janvier 1915), courir au front russe et revenir ensuite sur le théâtre occidental de la lutte. Il aurait poursuivi longtemps sans doute cette besogne de touriste militaire si la curiosité de considérer de trop près la ligne de feu ne lui avait valu une blessure assez sérieuse pour mettre un frein à son ardeur et un terme à ses pérégrinations. Partout où il a passé, il a été convié à la table impériale et traité en invité de marque.

Ce dernier détail explique suffisamment le caractère intéressé des trois volumes qu'il a rapportés de chacun de ses voyages au front, et qui ont été répandus dans le public à des milliers d'exemplaires. Nulle part l'adulation de l'Allemagne par elle-même ne s'est manifestée avec autant de plénitude; ils donnent l'impression d'ouvrages de propagande patriotique destinés à démontrer à « ceux de l'arrière » que tout est pour le mieux dans la plus vaillante des armées et la plus glorieuse des guerres. Les impressions pittoresques y sont assez rares et n'y paraissent que pour illustrer des démonstrations ou des affirmations de principe.

Le talent de l'auteur pourrait à la rigueur nous faire oublier les lacunes de son œuvre. Pour remplir la tâche restreinte qu'il s'est assignée, Ganghofer montre malheureusement une pauvreté d'imagination bien singulière chez un romancier. Son procédé favori, qu'on dirait emprunté à la théorie du *leit-motiv* dans le drame wagnérien, consiste à répéter à tout propos le mot d' « allemand ». Il l'emploie, tantôt comme une formule destinée à remplacer un développement, tantôt sous la forme d'une épithète appliquée comme une marque de fabrique à toutes les vertus dont il voudrait faire le monopole de sa race. En passant le Rhin, il déclare avoir été assailli par un monde de pensées et de réflexions que nous aimerions au moins à connaître ; mais il se dérobe à notre attente par cette simple phrase : « Toutes les images de l'avenir qu'évoque à mon esprit la vue du fleuve se résument dans ce mot caractéristique et éternel : Allemand ![1] » Plus tard, dans son quartier de Charleville, lorsque la frugalité de la table impériale le force à entamer une provision de *lebkuchen* (pains d'épices) apportée de Munich, le goût de cette friandise nationale lui suggère, on ne sait trop par quelle association d'idées, cette apostrophe à lui-même : « Nous... nous autres

1. GANGHOFER, p. 12.

Allemands, » qu'il répéte deux fois, avant de
souffler sa bougie et de s'endormir[1]. — Il va
sans dire enfin que s'il lui arrive, au cours de
ses déplacements, de rencontrer un pont soli-
dement réparé, un hôpital tenu avec soin, une
troupe marchant en ordre, des soldats suppor-
tant avec résignation leurs épreuves, il croit
découvrir autant de témoignages éclatants de la
persévérance, de la propreté, de la discipline
et finalement de la supériorité germaniques.

Afin sans doute de dissiper l'impression de
monotonie que dégage le retour continuel de
ces affirmations sans preuve, il les relève de
temps à autre par des aphorismes tranchants
dans ce goût : « C'est chez nous qu'est la vérité, chez nous qu'est le droit, chez nous qu'est
la force et chez nous que sera la victoire[2] ! »
Cette profession de foi revient, à quelques va-
riantes près, à tous les tournants de sa narration. Peut-être ne la reproduirait-il pas si souvent, comme pour se persuader lui-même,
s'il était aussi convaincu qu'il veut le paraître
du triomphe final de son pays. Peut-être aussi
éviterait-il dans ce cas de recourir, pour fonder ses prédictions, à cet argument sans réplique qu'une défaite de l'Allemagne représen-
terait « un non-sens et un soupçon injurieux
envers la logique divine[3]. »

1. GANGHOFER, p. 54.
2. GANGHOFER, p. 44. Cf. p. 84.
3. GANGHOFER, p. 151.

Mal soutenu par son sujet ou mal servi par sa gaucherie, Ganghofer ne semble pas plus heureux dans ses efforts pour nous faire partager son admiration à l'égard de son souverain. Pour l'office de courtisan, auquel il s'essaie, il lui manque d'abord le physique de l'emploi : on a peine à se figurer un Dangeau, même allemand, avec la tignasse de pianiste, les lunettes de professeur et les épaules de boucher dont son portrait nous offre l'image. Il lui manque surtout la légèreté de touche nécessaire au peintre qui sait embellir d'une main discrète la figure de son modèle. En fait, il obtient des effets tout opposés à ceux qu'il poursuit et rend à l'Empereur un assez mauvais service par la reproduction trop littérale de ses propos de table comme par une intention trop visible de forcer les principaux traits de sa physionomie. De la bouche du chef suprême de l'armée on s'attendrait à voir sortir des aperçus profonds, des formules définitives, ou au moins des saillies pittoresques sur le développement de la guerre en cours : des boutades en argot de sport ou de caserne, des jugements sommaires à la portée d'un sous-officier instruit, beaucoup de banalités solennelles et rien qui ressemble à une idée, voilà tout ce que Ganghofer a trouvé à glaner et à reproduire au cours de deux soirées de conversation.

L'hôte impérial se refusant obstinément à

révéler son génie par ses discours, il ne restait qu'à en chercher les manifestations dans ses gestes : c'est à quoi s'emploie son historiographe officieux, avec plus d'application que de bonheur. Il note minutiéusement les particularités extérieures de sa personne, jusqu'aux impressions fugitives ou aux tics de sa physionomie, et tire des remarques les plus insignifiantes à cet égard les inductions psychologiques les plus hasardées. — Guillaume II, par exemple, loin d'être vieilli et déprimé par la guerre, aurait, paraît-il, conservé le rythme élastique de son pas, la tranquillité limpide de son regard, la franchise animée de sa parole et la puissance sonore de son rire : c'est donc qu'il se sent la conscience tranquille et que ses affaires vont bien[1]. — Il accueille son invité, entrevu jadis à Berlin, en lui disant d'une voix lente et grave, après un profond soupir et un long regard « Qui aurait pu se douter autrefois de ce qui nous arrive aujourd'hui ? et que nous nous reverrions en France ? » Malgré la mise en scène qui l'accompagne, cette phrase de bienvenue ne brille certes point par l'originalité. Ganghofer pourtant y découvre un monde : « Dans une pièce diplomatique destinée à prouver l'innocence de l'Allemagne dans la guerre, écrit-il sérieusement, ce soupir, ce regard, ces paroles ne

---

1. GANGHOFER, pp. 40-43.

sauraient sans doute entrer en ligne de compte. Et pourtant il s'en dégageait une force de démonstration accablante [1] ! » — Plus loin l'auteur reproduit le maigre menu du dîner auquel il a été convié (*Soles frites, viande froide, pommes de terre en robe de chambre, fruits*), afin d'en conclure que l'Empereur mène une vie de Spartiate et représente un modèle de sobriété. — Au service divin célébré le lendemain, celui-ci se tient immobile comme une statue, les yeux perdus dans le vague : c'est la preuve qu'il est profondément croyant et qu'il prie avec ferveur « comme homme pour les hommes, comme souverain pour sa patrie, son peuple et son armée[2] ».

Il n'est pas enfin jusqu'à son humanité et à sa modestie qui ne respirent dans ses gestes familiers : l'une ressort avec éclat de la patience avec laquelle il supporte le soir les agaceries de son petit chien favori, et l'autre de l'empressement qu'il met à détourner de sa personne l'objectif d'un photographe, braqué sur le groupe dont il faisait partie[3].

On voit les avantages et la faiblesse de ces procédés grossiers d'adulation ; ils sont d'un emploi commode et presque illimité, puisqu'ils permettent d'attribuer, sur les indices les plus futiles, toutes les vertus souveraines à des

1. GANGHOFER, p. 45.
2. GANGHOFER, pp. 46, 56-58.
3. GANGHOFER, pp. 50, 68.

princes qui n'en ont manifesté aucune dans leurs actes. Il est pourtant un cas où l'auteur, découragé peut-être par les difficultés de sa tâche et l'ingratitude du sujet, semble avoir renoncé à l'application de sa méthode. Invité à déjeuner au Quartier général du Kronprinz, il paye à l'héritier du trône un sec tribut de louanges en l'appelant « le vainqueur de Longwy » (!), rapporte brièvement qu'il lui a trouvé le visage allongé et le teint bruni par la vie de campagne, mais se garde de tirer de cette constatation aucune conclusion[1]. C'est là une réserve dont nous ignorons les raisons véritables, mais dont il faut savoir gré à Ganghofer.

Après lui, quelques collaborateurs de grands journaux quotidiens ont été, au cours de la guerre, admis dans la zone des armées. L'intérêt des correspondances qu'ils en ont rapportées se ressent forcément des servitudes qu'ils ont dû accepter pour s'y rendre. Remis entre les mains de l'autorité militaire, ils n'ont pu y voir que ce qu'elle avait avantage à leur montrer et en dire que ce qu'elle leur permettait d'imprimer. Survenus au moment où la guerre de tranchées immobilisait les fronts et envoyés le plus souvent dans des secteurs tranquilles, ils n'ont guère eu à décrire que

[1]. GANGHOFER, p. 66.

des scènes de l'arrière et trouvé à célébrer que les prodiges de l' « organisation allemande » en territoire occupé. Reçus à la table des généraux auxquels ils étaient recommandés et qui guidaient leurs excursions dans les cantonnements, ils se sont crus forcés de payer leur écot en s'extasiant sur les qualités mondaines, guerrières ou intellectuelles de leurs amphytrions. Leurs témoignages ont donc un caractère convenu et une portée restreinte.

On peut citer comme type de ce genre d'ouvrages le double volume dans lequel Karl Rosner a réuni les chroniques militaires envoyées par lui au *Tag* et au *Berliner-Lokal-Anzeiger*, au cours de deux voyages dans la France envahie; le premier, qui se place en septembre et octobre 1915, l'a conduit successivement sur l'Aisne, devant Ypres et en Champagne; le second, effectué pendant l'hiver de 1915-1916, sur les côtes lorraines, à Noyon et devant la Bassée. — Un émouvant tableau de l'existence de trois villes captives, Laon, Mézières et Saint-Mihiel, avec l'animation extérieure que leur donne la présence des troupes et la profonde tristesse que dégage l'attitude de la population; des portraits-interviews de deux « Excellences » le général de Zwehl, présenté comme « le vainqueur de

---

1. KARL ROSNER, *Der graue Ritter. Vor dem Drahtverbau.* Berlin, Scherl, 1916.

Maubeuge » et le général de Deimling, renommé avant la guerre par ses exploits contre les Alsaciens; une version à l'usage du public allemand de la grande offensive française de septembre 1915; une description saisissante du fort du Camp-des-Romains, dans l'état où l'avait réduit le bombardement; le récit dramatique d'une séance du Conseil de guerre qui condamne à mort pour espionnage un héros inconnu, l'ancien douanier François Gaspard : tels sont dans cet ouvrage les morceaux qui ressortent au milieu d'interminables développements sur les installations destinées à assurer la sécurité, la santé et le confort des guerriers allemands dans la dure existence des tranchées. L'intérêt de ces détails est heureusement relevé par le plaisant contraste que le lecteur français ne manquera pas d'apercevoir entre les impressions de l'auteur et les réalités présentes. Sur la foi de ses guides militaires, celui-ci ne manque pas d'affirmer que les positions visitées par lui défient désormais toute attaque et ne pourront plus être déplacées qu'en avant. Or, l'ironie du sort a voulu que ces fières prédictions lui fussent inspirées par la vue de Noyon, du chemin des Dames et de la crête de Vimy !

Georg Queri [1], envoyé également sur le front,

---

1. GEORG QUERI, *Wanderbuch vom blutigen Westen*. Weimar, Duncker, 1917.

ou au moins sur l'arrière, par un grand journal
allemand, nous est présenté par son éditeur
comme une personnification de l'humour bavarois. Cette malheureuse prétention l'a conduit
à vouloir faire le plaisantin dans un sujet qui
n'y prête guère et à déposer le long de son
texte une série de traits d'esprit qui ne
peuvent faire rire qu'à Munich. Lui-même
semble en avoir conscience quand il déclare
que « dans sa vie il n'a jamais écrit pour les
esthètes[1] ». On ne s'en aperçoit que trop en le
lisant. Malgré la sensation d'agacement que produisent à la longue ses fautes de goût, ses correspondances offrent le précieux avantage de
s'étendre jusqu'au printemps de 1917 et d'em-
brasser ainsi une période pour laquelle elles
représentent le seul témoignage allemand que
nous puissions encore utiliser.

Un de ses collègues en journalisme, Wilhelm
Hegeler[2] est parti au front comme infirmier,
s'étant engagé en janvier 1916 dans une ambulance de la Croix-Rouge. Il a séjourné successivement à Roulers, puis à Ostende, et il a eu
le loisir de réunir quelques observations curieuses, soit sur ses hôtes belges, soit sur les
soldats et marins allemands avec lesquels ses
fonctions l'ont mis en rapport. Malgré ses qualités d'écrivain, son livre, trop épisodique, souffre

1. QUERI, p. 143.
2. WILHELM HEGELER, *Bei unseren Blaujacken und Feldgrauen.*
Berlin, Scherl, 1917.

de la même inégalité d'intérêt que la plupart des ouvrages de reportage militaire, et son exemple montre une fois de plus comment, dans le drame de la guerre, la déposition du spectateur le mieux renseigné reste toujours inférieure à celle du plus humble des combattants[1].

1. Après les relations de voyage des journalistes allemands sur leur propre front, il serait curieux de connaître leurs impressions sur le front... français. Si invraisemblable que paraisse l'hypothèse, c'est une question que soulève un petit ouvrage paru en 1917 à Leipzig (Rudolf Schick) sous ce titre : *Unter französisch-englischen Truppen* et signé modestement de trois étoiles. L'auteur prétend avoir fait partie d'une caravane officielle de journalistes neutres qui, de décembre 1914 à janvier 1915, aurait parcouru tout le front occidental, de Belfort à Furnes. Bien qu'il se donne comme Américain, le parti pris de dénigrement qu'il apporte à critiquer les faiblesses de l'organisation française, le ton de sympathie avec lequel il parle des adversaires, les observations tour à tour ironiques ou malveillantes dont il croit devoir accompagner le récit de son séjour dans l'Alsace reconquise, les effarantes déclarations qu'il prête au maire de Reims au sujet des responsabilités du bombardement de la cathédrale, l'expression même de « mon cœur allemand » qui lui échappe en un moment d'oubli, tous ces détails également caractéristiques laissent peu de doutes sur ses sentiments et en inspirent de sérieux sur son origine. Si son œuvre n'est pas apocryphe, ou si la traduction allemande en est conforme au texte primitif, elle témoignerait en faveur de la... libéralité avec laquelle les États-majors alliés admettent les journalistes étrangers à visiter leurs lignes. La même remarque peut s'appliquer aux Suédois Book et Anienhielm, invités également à un voyage au front, et dont les relations ont paru dignes d'être aussitôt présentées au public allemand (Berlin, 1916, librairie Mittler und Sohn).

IV

LES LETTRES DU FRONT

Quels qu'en soient l'origine et l'esprit, tous les livres de mémoires proprement dits présentent ce défaut commun d'avoir été composés après coup et de nous donner, sur les événements auxquels ont assisté leurs auteurs, non l'impression du moment, mais le fruit des réflexions du lendemain : toute évocation est forcément une transformation. Ce sont peut-être des documents vécus, ce ne sont pas des témoignages pris sur le vif.— Tel est au contraire le caractère et le mérite d'une autre catégorie de sources d'informations, infiniment précieuse pour qui veut reconstituer jour par jour l'état d'esprit de l'armée ennemie. Il s'agit des lettres adressées par les combattants à leurs familles ; écrites au bivouac ou dans la tranchée, le plus souvent dans l'entraînement de la lutte, sans préoccupation de l'effet à produire, elles présentent le plus souvent, avec l'animation de la vie de campagne, toute la sincérité d'une confession.

Les plus intéressantes ont été communiquées à des journaux locaux par des familles qui ont cédé à la manie bien allemande de tout livrer à la publicité. Il a suffi alors à des éditeurs avisés de dépouiller la presse de province pour composer à peu de frais des recueils aussi considérables par leur variété que par leurs dimensions. Les uns, paraissant sous la forme de publications périodiques, reproduisent ces correspondances au fur et à mesure de leur impression, sans souci de leur date et de leur origine. Tels sont par exemple les fascicules populaires à 10 pfennigs dont la librairie Thümmler de Chemnitz s'est fait une spécialité et a mis en vente 30 numéros[1]. D'autres recueils, édités par de grandes maisons berlinoises, présentent l'aspect d'anthologies que des titres sensationnels signalent à l'attention publique[2]. D'autres enfin, comme pour témoigner que l'esprit d'organisation ne perd jamais ses droits en Allemagne, répondent à la prétention de constituer une véritable histoire épistolaire de la guerre : ils sont

1. *Feldpostbriefe, Was die Soldaten schreiben.* Chemnitz, Thümmler, 1914 et 1915. La publication semble avoir été interrompue au 30ᵉ fascicule.

2. OTTO KRACK, *Das deutsche Herz, Feldpostbriefe unserer Helden.* Berlin, Scherl, 1915. — J. WIESE, *Briefe der Feldgrauen.* Berlin, librairie Globus, 1915.

divisés en périodes, dont chacune fait l'objet
d'un volume distinct, précédé d'une étude d'ensemble due à la plume d'un spécialiste militaire[1].

Il importe de réserver dans cette série une
place à part aux recueils moins étendus dont
le caractère est surtout local ou corporatif. Si
l'intérêt en apparaît comme plus restreint, il
s'en dégage aussi une impression plus nette
et plus forte. On peut citer comme exemple le
petit volume édité à Heilbronn tout au début
de la guerre sous le titre de *Chère patrie*[2].
Composé uniquement de correspondances de
gens du pays, il fait revivre avec une singulière
intensité de couleur l'existence et les émotions
d'une petite ville du Wurtemberg lors de la mobilisation, et il nous donne mieux que tout
autre document le moyen de pénétrer les sentiments des diverses classes de la population.

C'est par un intérêt documentaire plus précieux encore que se recommandent les « lettres
d'étudiants allemands » réunies et publiées par
le professeur Witkop[3]. On sait du reste quelle
part revient à la jeunesse des universités dans
les responsabilités de la guerre actuelle. Elle

1. *Der deutsche Krieg in Feldpostbriefen.* Munich, Georg Müller,
1915-1916, 5 volumes parus.
2. *Lieb Vaterland. Feldpostbriefe unserer Offiziere, Aerzte und
Soldaten.* Heilbronn, Salzer, 1914.
3. Philipp Witkop, *Kriegsbriefe deutscher Studenten.* Gotha,
Perthes 1916.

en soutient maintenant l'effort par la contribution chaque jour plus considérable qu'elle fournit au recrutement des officiers de réserve : « Si
vous saviez, écrit un de ses membres (30 octobre 1914), quel grand rôle joue dans cette
guerre l'étudiant universitaire ! Idéalisme, zèle
professionnel, héroïsme, enthousiasme, voilà
les qualités caractéristiques de cette jeunesse.
Ce n'est pas seulement au militarisme, c'est
aussi à notre profonde culture intellectuelle
que nous devons notre succès. Pendant qu'à la
guerre l'officier de l'active ne fait autre chose
que son métier, nous sommes des idéalistes
purs et désintéressés et c'est nous qui repré-
sentons la conception de la guerre sainte et
juste, de la guerre des peuples[1]. » On ne peut
indiquer plus clairement comment les lettres
d'étudiants méritent une attention toute particulière, puisqu'elles reflètent la mentalité d'une
classe sociale qui peut prétendre autant que la
caste militaire au titre de « dirigeante », et puisqu'on est assuré d'y trouver l'expression la
plus parfaite des passions nationales.

1. WITKOP, p. 19.

V

LES LIVRES D'AVENTURES

Il semble au premier abord que l'on en ait fini avec l'analyse de cette littérature de guerre lorsque l'on a passé en revue les diverses catégories de souvenirs militaires et de lettres du front qui en forment la masse principale; l'on ne tarde pas à s'apercevoir, en jetant un coup d'œil sur les plus récents catalogues de librairie, que ce dénombrement risquerait de rester incomplet si l'on n'y faisait figurer une autre série d'ouvrages, fort inférieurs sans doute aux précédents en intérêt et en importance, mais dont la multiplication même représente un précieux indice de l'évolution de l'esprit public.

Au début, lorsque la campagne s'annonçait comme une marche triomphale en pays ennemi, il suffisait d'en retracer avec fidélité les péripéties pour être assuré de satisfaire à la fois la curiosité et le patriotisme des lecteurs : de là cette profusion de publications de circonslance qui toutes se rapportaient aux batailles livrées en France ou en Pologne. La situation change, et avec elle les goûts du public, quand la guerre, désormais fixée sur des fronts immobiles, paraît d'une durée et d'une issue également incertaines. Désorienté par la tournure qu'elle prend en Europe, le patriotisme allemand cherche une consolation dans les régions lointaines où se déroulent des épisodes plus réconfortants pour l'orgueil national. C'est à ce besoin que semble répondre la publication d'une série d'opuscules dont l'action se passe en Orient, sur mer ou aux colonies; ils présentent moins le caractère de mémoires militaires que de livres d'aventures sur les « à côtés » de la guerre européenne.

Roman d'aventures diplomatiques, tel pourrait être d'abord le sous-titre du petit volume dans lequel le lieutenant prussien de Reichel, blessé à la Marne et envoyé comme courrier de cabinet à Constantinople (septembre-octobre 1914), raconte les incidents variés de son voyage [1]. Il traverse d'abord l'Autriche, où des manifestations sympathiques saluent son uniforme, sur une automobile militaire qu'escortent des gardiens en armes. En Roumanie, où il s'arrête plusieurs jours et trouve un état d'esprit tout opposé, il semble obsédé par la

---

1. JOACHIM VON REICHEL, *Balkanerlebnisse eines deutschen Geheimkuriers*. Berlin, Ullstein, 1917.

préoccupation de soustraire la précieuse valise dont il est porteur aux entreprises des espions à la solde de la Légation russe, qu'il croit apercevoir partout autour de lui ; il n'a d'ailleurs guère le droit de s'en indigner, car il avoue ingénument avoir acquis la certitude qu'il s'en trouvait même parmi les membres de la colonie allemande qui lui offrent une réception [1]. A Sofia, il se réjouit des attentions dont il est l'objet et des dispositions qu'il note parmi les milieux militaires et civils. A Constantinople enfin, il arrive dans la période de tension qui précède l'ouverture des hostilités et il nous en trace un tableau animé. En cours de route, il a été reçu à Schœnbrunn par le vieil empereur François-Joseph, à Sinaïa par le roi Carol de Roumanie cinq jours avant la mort de ce dernier (10 octobre 1914), à Constantinople enfin par le trop fameux Enver-Bey, qu'il semble avoir assidûment fréquenté. Le récit de ces entrevues relève un peu ce que le récit, même dramatisé, de ses pérégrinations pourrait présenter de trop monotone.

Après quelques mois de guerre, les relations de captivité ne tardent pas à venir s'ajouter aux souvenirs du front. Ce sont par exemple celle de Neubau [2] qui, interné en France, réussit à s'évader par Rouen ; celle du

1. Reichel, p. 51.
2. Robert Neubau, *Kriegsgefangen über England entflohen.* Berlin, Scherl, 1916.

lieutenant Zuchhold [1], pris sur le front russe et ensuite évacué comme grand blessé; celle du docteur Menczel [2], adjoint au bourgmestre de Czernowitz, envoyé en Sibérie comme otage civil et relâché par suite d'un échange. Parfois les récits d'évasion prennent l'ampleur d'une véritable odyssée : tel est le cas pour ceux que nous ont laissés un officier aviateur, le lieutenant Killinger [3], et un interné civil en Russie, Otto Anthes [4]; déportés l'un et l'autre au fond de la Sibérie, ils ont réussi à s'échapper près de la frontière chinoise, à traverser les steppes de la Mongolie, à atteindre Pékin et à revenir en Allemagne sous des noms supposés, après avoir fait ainsi le tour du monde pour revoir leur patrie.

Les « aventures de mer » tiennent une place prépondérante dans la série de ces œuvres où la réalité se présente sous les dehors de la fantaisie. Parmi ceux qui nous en sont donnés comme les héros, les uns sont de simples pirates comme le comte Dohna [5], le commandant du bateau-corsaire le *Mœwe*; les autres, des témoins des rares batailles navales livrées

1. Hans Zuchhold, *Aus der Hölle empor*. Berlin, Scherl, 1916.

2. Philipp Menczel, *Als Geisel nach Sibirien verschleppt*. Berlin, Ullstein, 1915.

3. Erich Killinger, *Die Abenteuer des Ostseefliegers*. Berlin Ullstein, 1917.

4. Otto Anthes, *Rund um die Erde zur Front*. Berlin, Scherl, 1917.

5. Graf Dohna, *Der Mœwe*. Gotha, Perthes, 1917.

pendant la guerre, comme le maître chauffeur Zenne[1], le seul survivant du *Wiesbaden*, coulé par la flotte anglaise au combat du Jutland (31 mai 1916). Vient ensuite la légion des « forceurs de blocus », dont les faits et gestes défraient toute une série de publications populaires. Ce sont les capitaines Aye et Sörensen[2], qui, déjouant la surveillance de la flotte anglaise de garde dans la mer du Nord, réussissent à conduire leurs bateaux, l'un jusqu'à la côte de Rio de Oro, où il le voit embouteillé et détruit par le croiseur anglais *Highflyer*, l'autre jusqu'à la baie de Sudibucht, sur l'Océan Indien, où il a la satisfaction de pouvoir ravitailler en munitions les défenseurs de la dernière colonie africaine qui reste à l'Allemagne; le premier, interné d'abord dans les possessions espagnoles de l'Atlantique, parvient à gagner las Palmas et de là Gênes sur un vapeur italien; le second se réfugie dans les Indes hollandaises, puis à Manille. — C'est ensuite une Altesse Royale, le duc Henri de Mecklembourg[3], connu déjà comme explorateur, et que la guerre surprend au fond du Far-West américain; ses exploits

---

1. Von SPIEGEL, *Oberheizer Zenne*. Berlin, Scherl, 1917.
2. SELOW-SERMAN, *Blockade-Brecher*. Berlin, Scherl, 1917. Kapitänleutnant AYE, *Kreuzerjagd im Ozean*. Berlin, Scherl, 1917.
3. JOHANN ZUR PLASSOW, *Seine Hoheit der Kohlentrimmer*. Berlin, Scherl, 1917.

se réduisent d'ailleurs, après un an d'attente à New-York, à se faire admettre sous le déguisement d'un chauffeur à bord d'un navire norvégien qui le conduit à Kristiania. C'est enfin le capitaine-lieutenant de Mœller, dont les aventures dépassent en romanesque toutes celles de ses émules[1]. Lors de la déclaration de guerre, il commandait la canonnière fluviale *Tsingtau* en station sur le Si-Kiang. Pour échapper à l'inaction à laquelle il se voit condamné, il abandonne son équipage, se rend isolément à Manille, puis à Batavia, où il est reconnu par les autorités hollandaises et interné avec plusieurs autres Allemands à Surabaja, petit port de la côte de Java. Il réussit à s'en évader (11 décembre 1915) en compagnie de cinq hardis compagnons, sur un voilier de fortune qui, à travers les typhons de l'océan Indien, les conduit en quatre mois sur la côte méridionale de l'Arabie, puis à Djedda. Il comptait de là gagner par terre Constantinople. Surpris et massacré par les Arabes à quelques heures de la côte (juin 1916), il échoue ainsi dans son entreprise au terme de son voyage de retour.

C'est avec des récits de ce genre que le public allemand trompe depuis quelques mois le sentiment d'impatience qu'a éveillé en lui

---

1. SELOW-SERMAN, *Kapitänleutnant von Mœllers letzte Fahrt*. Berlin, Scherl, 1917.

la longueur des opérations en cours sur les fronts d'Europe. Il y cherche un aliment à sa curiosité, un dérivatif à ses préoccupations, et peut-être aussi l'illusion que le blocus dont il ressent cruellement les effets est plus apparent qu'effectif. Ce sont là autant de raisons pour que le lecteur étranger n'y trouve pas le même intérêt.

VI

CONCLUSION

Une dernière remarque s'impose au sujet des diverses publications de circonstance auxquelles a donné lieu la guerre actuelle. Toutes ont été publiées « avec l'autorisation du commandement militaire », comme en fait foi le plus souvent la mention portée sur leur couverture. Il ne faut donc pas leur demander une sincérité absolue, ni s'étonner d'y trouver des lacunes évidentes. Mais si leurs auteurs ne disent pas tout, ils ne peuvent tout cacher : il n'est point de consigne, voulue ou imposée, assez forte pour prévaloir contre certaines vérités, ni de secret assez profond pour être gardé par des milliers d'hommes, ni de censeur assez clairvoyant pour calculer l'effet de tous les passages échappés à sa sévérité. Lorsqu'on étudie les témoignages des combattants allemands avec le désir d'y chercher une image de leur état d'âme, on retrouve dans tous le même contraste entre leurs affirmations et leurs réticences, leurs prétentions avouées et leurs aveux implicites, entre le rôle qu'ils affectent et les préoccupations qu'ils trahissent. C'est ce double point de vue qu'il convient d'examiner dans leurs récits de guerre, en recherchant, d'abord comment ils s'y dépeignent tels qu'ils voudraient paraître, puis comment ils s'y révèlent tels qu'ils sont. On pourra ainsi mesurer successivement l'étendue de leur orgueil et la réalité de leurs faiblesses.

LIVRE II

LES PRÉTENTIONS ET LES ILLUSIONS

La modestie n'ayant jamais passé pour une vertu germanique, on ne saurait s'étonner si l'image que les combattants allemands tracent d'eux-mêmes nous apparaît à première vue comme singulièrement flattée. On aurait peine pourtant à se figurer, si l'on n'avait soin d'en préciser les traits, à quel point elle a été déformée et embellie par leur orgueil national. A les en croire, leur pays n'aurait été jamais plus grand et plus noble que dans la lutte qu'il soutient contre un « monde d'ennemis ». Les sentiments qu'ils y apportent, la force matérielle et morale qu'ils y déploient, la confiance indestructible qui les anime, les succès qu'ils y obtiennent, l'œuvre civilisatrice qu'ils accomplissent dans les régions envahies, le contraste que présente la supériorité de leurs vertus avec les vices de leurs adversaires, tout dans la campagne actuelle devrait devenir pour l'observateur impartial un objet d'admiration sans réserve. Avant de rechercher comment leurs prétentions sont contredites par leurs propres aveux, il importe d'abord d'examiner de plus près par quelles considérations ils les justifient.

I

L'ALLEMAGNE ET LA DÉCLARATION DE GUERRE

Ils cherchent d'abord, comme on devait s'y attendre, à nous présenter sous le jour le plus favorable les mobiles qui les ont entraînés à la guerre et les sentiments qui expliquent leur enthousiasme belliqueux : et ces sentiments sont assez différents suivant leur classe sociale. Quelques-uns s'en tiennent à des formules toutes faites, dont ils ne cherchent pas à pénétrer le sens ; ils se déclarent prêts à combattre « pour l'honneur de la patrie » ; et les marins ajoutent « pour la liberté des mers [1] ». Dans les rangs de la troupe, l'impression dominante semble avoir été « l'indignation provoquée par l'agression dont l'Empire a été l'objet [2]. » C'est là évidemment le mot d'ordre venu d'en haut et docilement répété par les masses. Parmi les officiers de carrière, la plupart résolvent la

1. THÜMMLER, III, p. 31.
2. GOTTBERG, p. 23.

question des responsabilités de la guerre en
s'abstenant de l'examiner, ce qui les met à
l'aise pour en maudire les auteurs. Le général
de Zwehl nous représente un magnifique exemplaire de cet état d'esprit. Pendant le dîner
auquel il invite Rosner, il lui échappe, au témoignage de ce dernier, des paroles empreintes
d'une « sainte colère contre les fous criminels
qui, par infatuation et par mégalomanie, ont
préparé et déchaîné cette terrible conflagra-
tion[1] ». L'apostrophe est d'une belle inconscience; et l'on serait tenté de se demander si
son auteur n'a pas voulu nous donner ici un
échantillon de cet inépuisable humour qui représente, paraît-il, un des charmes de sa conversation.

Si les officiers vieillis sous le harnais et les
gens du peuple ne cherchent pas à approfondir
pourquoi ils font la guerre, les membres des
classes éclairées, habitués à n'agir que par raison démonstrative, semblent éprouver le besoin
d'expliquer la résolution avec laquelle ils
partent en campagne. Leur argument favori,
et que l'on ne retrouve pas sans surprise sous
leur plume, c'est la conviction, sincère ou apparente, que les alliés en veulent à leur *kultur* :
« C'est, écrit un jeune officier à sa mère, pour
des idées, pour des conceptions comme celles
de l'honneur, de la liberté et de la patrie que

1. ROSNER, *Der graue Ritter*, p. 23.

nous courons à la mort... Cette lutte, ajoute-t-il dans une sorte d'élan mystique, ne se livre point pour les choses de la terre : ce sont nos biens les plus sacrés que nous couvrons de notre épée [1]. » Un aviateur déclare gravement que lorsqu'il plane à 2.000 mètres d'altitude, il oublie complètement les dangers auxquels il s'expose pour ne penser qu'à une chose : c'est qu'il a une mission civilisatrice (*kulturaufgabe*) à remplir et qu'elle consiste à défendre le germanisme et à lui assurer la victoire [2].

Les intellectuels renchérissent naturellement sur le même thème : « Je suis fier, s'écrie l'un d'eux, de combattre pour ce que je place au-dessus de tout sur cette terre : pour la poésie, l'art, la philosophie, la *kultur*. » — « Nous avons la conviction, précise un autre, de lutter pour la pensée allemande, et de défendre la sensibilité germanique contre la barbarie asiatique et l'indifférence latine [3]. » Enfin — et c'est une constatation à retenir dans cette enquête — les socialistes eux-mêmes semblent ne pas vouloir se laisser cette fois devancer par les bourgeois dans l'expression des mêmes sentiments. « Pour ce qui est de mes dispositions d'esprit, déclare l'un d'eux à sa femme, je dois te dire qu'avec le temps nous avons tous été saisis d'une ardeur belliqueuse à laquelle

1. THÜMMLER, XXV, pp. 23-24.
2. KRACK, p. 174.
3. WITKOP, p. 25.

moi-même, ami de la paix et social-démocrate, je me suis laissé entraîner comme les autres. »
« Je supporte mes épreuves, lit-on dans une autre lettre, avec la conscience d'être le défenseur de la culture allemande et de la liberté de pensée contre la tyrannie russe. Ce qui est en jeu, c'est l'existence même d'une patrie que j'aime, comme social-démocrate, plus que tant de braillards [1]. »

On devine quel voudrait être l'effet sur un lecteur non prévenu de ces protestations répétées, mises en bonne place dans les recueils de lettres du front. En affirmant l'unité morale de l'Allemagne en face de l'ennemi, elles tendent à provoquer une involontaire sympathie pour des hommes que soutient en face de la mort un aussi noble idéal. Cet effort de persuasion n'a-t-il point parfois dépassé son but? On ne saurait en effet se défendre d'une certaine inquiétude à constater le ton d'exaltation de certaines lettres : « Oh! comme je me sens bien Allemand, s'écrie entre autres un étudiant! Je lis les œuvres de Frédéric le Grand avec autant de respect qu'une jeune mère lit la Bible. Voilà qui est élevé! Mon amour pour le vieux Fritz ne connaît pas de limites. Ce petit volume devrait devenir le bréviaire de tout Allemand cultivé, et surtout de tout Prussien. Luther, Bismarck, Albert Dürer, Gœthe, c'est tout

1. *Der deutsche Krieg in Feldpostbriefen*, IV, pp. 217, 222, 239.

une constellation qui se reflète en nous. C'est dans les grandes figures d'un peuple que je vois et que je cherche son âme. Comme soldat, j'ai fait le sacrifice de ma vie pour le salut et la prospérité du mien[1]. » Déclarations d'un idéalisme un peu compromettant, et que serviront à préciser d'autres, beaucoup plus explicites. Le vieux Fritz, dont la vie est présentée en modèle aux Allemands et dont l'esprit devrait les animer, ne s'est en effet jamais posé en défenseur d'une civilisation pas plus qu'en observateur scrupuleux des traités; et Bismarck pouvait encore moins prétendre à ce rôle. Ces deux noms sont donc les derniers qui devraient être invoqués pour établir la légitimité d'une guerre défensive.

1. Witkop, p. 51.

II

L'ALLEMAGNE PENDANT LA MOBILISATION

Après avoir proclamé à l'envi l'innocence de leur pays en face de ses agresseurs, les combattants allemands, sans s'apercevoir de la contradiction, ne perdent pas une occasion de dépeindre son enthousiasme guerrier et de célébrer la perfection de sa préparation matérielle et morale au début des hostilités. Ils reproduisent d'abord avec complaisance les scènes qui ont marqué les périodes de la mobilisation et de la concentration, et, par le choix des détails qu'ils en présentent à leurs lecteurs, ils cherchent visiblement à leur laisser l'impression d'un spectacle unique dans le temps et dans l'espace, d'une épopée sans précédents, comme seul le peuple allemand était capable d'en donner l'exemple au monde.

Tel est entre autres le cas d'un pasteur wurtembergeois qui relate minutieusement les divers incidents auxquels la guerre a donné

lieu dans la petite ville où il habite[1]. Au cours
de la matinée du 4 août, quand, après quelques
jours d'incertitude, tout espoir d'une solution
pacifique a disparu des esprits, il voit d'abord
arriver chez lui deux de ses anciens élèves,
étudiants en théologie à Tübingen, en quête
d'un dépôt où l'on accepte encore des volontaires et où ils pourraient s'engager. Il rencontre un de ses collègues qui, avec l'appro-
bation de sa femme, vient d'encourager son
fils, âgé seulement de dix-sept ans, à prendre
la même résolution. Il va rendre visite à une
ancienne famille d'officiers dont plus de dix
membres, du général au sous-lieutenant, vont
partir pour les champs de bataille, et dont les
femmes lui semblent animées du même stoïcisme qu'autrefois les femmes spartiates. Il
retrouve dans toutes les bouches la même exclamation : « La patrie a besoin d'hommes.
Allons-y ! » Il enregistre avec une fierté naïve
tous ces traits de patriotisme, sans paraître se
douter un instant qu'ils ne sont point particuliers à son pays ; et il finit par fondre en un
hymne d'admiration à la grandeur de l'Allemagne, entrecoupé de citations bibliques et
terminé par ce cri du cœur : « Je remercie Dieu
de m'avoir permis de vivre une pareille
époque ! »

C'est surtout le transport de l'armée à la

1. *Lieb Vaterland.*

frontière qui semble avoir produit sur les esprits l'impression la plus enivrante : « Oh !
s'écriera Bülow en évoquant ce souvenir, qui
pourra peindre l'enthousiasme qui, dans ces
journées d'août, roula comme une vague sur
toute l'Allemagne et dont l'irrésistible puissance entraîna chacune de nous ? qui pourra
peindre dignement cette flamme brûlante et
cette colère sacrée contre les perturbateurs
de notre paix [1] ? » Tout se réunit alors pour
exalter les passions guerrières : l'émotion communicative que dégage toujours une réunion
d'hommes assemblés pour la même tâche, le
pittoresque d'un voyage où le sentiment d'un
grand devoir à remplir se double de l'attrait
de l'inconnu, les souvenirs historiques de la
vieille Germanie relevant la beauté des paysages, les ovations populaires traduisant la confiance de la nation ; enfin et surtout d'abondantes distributions de comestibles, bien faites
pour réjouir à la fois « le cœur et l'estomac, »
rarement séparés dans les souvenirs des défenseurs de la patrie.

La plupart de ceux-ci consacrent le premier
chapitre de leurs mémoires à décrire longuement cette traversée triomphale de l'Allemagne.
Leurs récits se répétant tous, à quelques va-
riantes près, il suffira pour en donner une idée,
de résumer l'un des plus caractéristiques, au-

---

1. Bülow, p. 8.

tour duquel on groupera les particularités éparses dans les autres.

C'est celui que nous a laissé l'officier saxon anonyme dont on a retracé plus haut la brève campagne. — Son bataillon s'embarque un soir à la gare de Dresde, par un beau clair de lune, au milieu d'une foule d'amis ou de parents venus apporter aux soldats un dernier adieu, au bruit de hourrahs retentissants qui se prolongent jusqu'au départ du train. Quand la clarté bleuâtre des globes électriques s'est peu à peu effacée dans les ombres de la nuit, la surexcitation nerveuse des jours précédents fait place à un sentiment forcé de détente, à un irrésistible besoin de repos. Les soucis disparaissent et l'on ne songe plus qu'à s'installer pour dormir.

Après un sommeil de plomb, l'on se réveille au matin pour voir se dresser à l'horizon les tours d'Erfurth, « la ville des fleurs ». Là, une première halte-repas d'une heure permet d'admirer l'organisation du service des approvisionnements. Les vastes halls de la gare sont transformés en réfectoires où les hommes trouvent, non seulement un repas copieux, mais toutes les commodités nécessaires pour leur toilette, leur barbe où leur correspondance. — Puis le train qui leur servira de demeure pendant deux jours encore se remet en marche avec une lenteur que leur font oublier la splendeur du temps, l'aspect floris-

sant des moissons, la majesté sans cesse renouvelée des montagnes du Thüringer-Wald,
les nombreux arrêts à des stations où des
Dames de la Croix-Rouge prennent d'assaut
leurs wagons pour leur offrir du thé ou du
café : « Celui qui a fait ce voyage à travers
la Thuringe, écrit l'un d'eux, ne pourra jamais
en perdre le souvenir. »

La voie est gardée par de vieux landstur-
miens, reconnaissables à la croix de fer-blanc
fixée sur leur casquette, et qui présentent les
armes avec de vieux fusils au passage du convoi. En cours de route, la lourde fantaisie
d'artistes improvisés couvre les parois des
wagons de dessins ou d'inscriptions dans le
goût de celles-ci : « Wagon-lit pour Paris »;
« A bientôt au bal des Veuves à Paris »; « Ici
l'on reçoit des déclarations de guerre »; « Ici
congrès pour l'annexion de la Belgique et de
la France. » L'empereur Nicolas semble particulièrement maltraité par les caricaturistes, qui
représentent sa silhouette inséparable d'une
potence. Il est vrai qu'aux alentours de Wil-
helmshœhe, le souvenir de la captivité de
Napoléon III inspire à un mauvais plaisant ce
détestable distique : « Nous ferons à Wilhelms-
hœhe — le logement de Poincaré. »

Vers le soir, la vue du château de la Wart-
bourg, l'ancienne résidence du grand réfor-
mateur allemand, étincelant sous les rayons
dorés du couchant, ramène les esprits à des

pensées plus graves, que traduit aussitôt le vieux cantique luthérien, entonné en chœur par les soldats : « *C'est un rempart que notre Dieu !* » A la gare d'Eisenach, où l'on arrive à la nuit, grande affluence du peuple, animation fébrile, distribution par les boys-scouts ou les jeunes filles de la ville d'une véritable profusion de *Liebesgaben* (petits paquets de comestibles), échange d'acclamations formidables entre les wagons et les quais.

Au sortir de cette chaude réception, les voix se taisent à mesure que la fatigue ferme les yeux et cette seconde nuit du voyage se serait écoulée aussi tranquille que la première si, au petit jour, les dormeurs n'avaient été tirés de leur sommeil par une exclamation courant d'un bout à l'autre du train : « Le Rhin ! voici le Rhin ! » Ils se frottent les yeux, baissent les vitres des portières, aperçoivent les tours de Mayence à l'horizon et à leurs pieds « le plus allemand de tous les fleuves, pour la garde duquel tant d'hommes vont risquer leur vie », dont les flots brillent comme une coulée d'argent mat sous les clartés indécises de l'aurore. A cette vue, le chant de la *Wacht am Rhein* jaillit spontanément de toutes les poitrines : il sera souvent répété au cours de la journée.

Après Mayence en effet, le convoi s'engage dans les vignobles du Rheingau, dominés par la statue colossale de la Germania, « de sorte que l'on pouvait admirer à loisir les beautés de ce coin béni de terre allemande, avec ses burgs et ses châteaux romantiques. Les habitants des coquets villages situés au bord de la voie ferrée manifestaient une allégresse indescriptible et vraiment émotionnante : on avait le sentiment que la population se dressait comme un seul homme pour soutenir la guerre qui lui était imposée (!) ».

Aux cantons fertiles du Rheingau, largement étalés au soleil, succèdent maintenant les étroits défilés, bien souvent admirés par les voyageurs, dans lesquels le Rhin se fraie un passage entre des montagnes abruptes surmontées de burgs féodaux : le pittoresque semble en laisser indifférents les touristes militaires dont la pensée est ailleurs. Au bout de quelques heures, ils passent le fleuve à Coblentz, et ils apprennent enfin, sinon le terme définitif de leur voyage, tenu secret jusqu'au bout, au moins sa direction : ils s'engagent à l'Ouest dans la vallée de la Moselle, qui semble elle-même un Rhin en miniature, avec ses replis tortueux et ses coteaux couverts de vignes dorées. Les riantes images de paix qui ont jusqu'alors charmé leur regard vont s'effacer peu à peu, tandis que mille indices leur révèleront l'approche du théâtre des opérations. Ils aperçoivent successivement : sur les ponts et à l'entrée des tunnels, des mitrailleuses braquées vers le ciel, prêtes à repousser des incursions aériennes ; sur les toits des villes, d'innombrables drapeaux de

la Croix-Rouge, surmontant des maisons transformées en ambulances ; dans les villages, des
maisons vidées de leur élément masculin,
habitées seulement par des femmes et des
enfants ; sur les routes, des automobiles chargées de blessés filant à toute vitesse ; dans les
gares enfin, quelques groupes de prisonniers
français, dont les uniformes excitent la curiosité, et dont l'attitude ne paraît pas « sans
dignité ». Bientôt la crainte des avions ennemis
commence à hanter les esprits et à ébranler les
nerfs ; les officiers doivent user de leur autorité
pour dissiper une panique provoquée dans les
rangs de la troupe par une étoile filante que
l'on prend de loin pour un aéroplane. C'est
donc en pleine atmosphère de guerre que le
bataillon descend de wagon à la tombée de la
nuit, à une petite station avant Trèves ; il est
acheminé à pied vers le Quartier général du
corps d'armée saxon dont il fait partie. La
période de concentration est désormais terminée et les opérations actives vont commencer
pour lui[1].

Telles furent les scènes qui, pendant les
premiers jours de la guerre, se déroulèrent sur
toutes les lignes de chemin de fer conduisant
de l'intérieur à la frontière. Ceux qui en furent
les témoins ou les acteurs nous les retracent

1. *Unser Vormarsch bis zur Marne*, pp. 1-8. Cf. Kutscher, pp.
12-14 ; Hoecker, pp. 15-20 ; Thümmler, pp. 5-6.

avec une sorte d'entraînement lyrique qu'ils
voudraient rendre communicatif. Pour leur
attribuer leur véritable portée et leur refuser
ce caractère d'exception auquel elles ne sauraient prétendre, il suffira de rappeler que
dans tous les pays belligérants, et en France
en particulier, le départ des troupes pour la
guerre donna lieu aux mêmes manifestations
extérieures d'enthousiasme. La seule différence
c'est qu'ailleurs on ne songea point à les transformer en victoires anticipées ni à s'en faire
un titre d'honneur particulier.

III

L'ARMÉE : L'ORGANISATION MATÉRIELLE

C'est avec plus de raison que les combattants allemands portent aux nues l'esprit de prévoyance minutieuse dont leur paraissent témoigner les opérations de la mobilisation, et plus tard la régularité impeccable avec laquelle ils voient fonctionner le mécanisme matériel de leurs armées en campagne. Sur ce terrain, leur pays peut revendiquer une supériorité qu'il faut reconnaître, au moins comme passagère, et qu'il convient même de noter comme un démenti à la sincérité de leurs protestations pacifiques. Il est certain en tous cas qu'ils en ont éprouvé une impression de sécurité et de réconfort bien propre à soutenir leur moral. On en retrouve la trace dans les lettres d'un landwehrien wurtembergeois qui déclare n'avoir pu se soustraire à une certaine appréhension de l'inconnu, lorsqu'il lui a fallu quitter le repos de son foyer pour s'exposer aux hasards inévitables d'une grande guerre. A son arrivée au dépôt, la ponctualité qui préside aux opérations de l'habillement et de l'armement suffit à le rassurer. Tous les objets qu'il reçoit sont entièrement neufs, de qualité supérieure et de quantité surabondante : « C'est alors, confesse-t-il ingénument, que nous éprouvâmes notre première impression de confiance dans le commandement allemand [1]. »

Les jours suivants, pendant la phase de la concentration, ses camarades et lui se laissent gagner par un sentiment de stupeur admirative en voyant avec quelle précision rapide et presque miraculeuse, un véritable *gulfstream* d'hommes, de canons et de chevaux s'écoule en quelques jours des localités les plus reculées de l'Allemagne jusqu'à des positions stratégiques marquées d'avance, sans qu'il se produise jamais un encombrement sur ces lignes de chemin de fer surchargées, un à-coup dans la marche automatique de ces trains se succédant à un quart d'heure d'intervalle. Tous ces indices d'une puissante préparation à la guerre leur arrachent cette exclamation : « *Alles klappt tadellos*, tout marche comme sur des roulettes [2]. » Ce qui par-dessus tout contribue à maintenir leur admiration à son diapason primitif, c'est la sollicitude avec laquelle il a été pourvu aux exigences de leur estomac : « Je

---

1. *Lieb Vaterland.*
2. THÜMMLER, III, p. 5.

suis en train de lire, écrit Kutscher, le journal de route d'un sous-officier tué ; son enthousiasme national tourne toujours autour de la question du boire et du manger. J'y trouve ces mots : « On peut voir maintenant que l'adminis-« tration militaire allemande est la meilleure de « toutes : ce qui est beau surtout, c'est qu'après « la marche ou le combat, on trouve toujours son « repas prêt. Nos cuisines de campagne sont une « invention vraiment moderne. Aucun autre État « n'en possède encore[1]. »

Dans le fonctionnement du colossal mécanisme dont ils représentent les rouages animés, certains résultats obtenus paraissent aux combattants allemands tenir du prodige. Gottberg cite à ce propos l'exemple de son bataillon de réserve, formé dans une petite ville du Brandebourg, transporté en chemin de fer jusqu'à Faulquemont, près de Metz, et réuni ensuite à des détachements bavarois et hessois avec lesquels il va se trouver endivisionné. « C'était là, dit-il, un miracle de grande organisation. Une division nouvelle, sortie de terre sur le sol lorrain, rassemblait trois brigades venues des provinces les plus éloignées de la monarchie, à l'heure précise où elle devait être employée, au moment de la bataille[2] ! »

Ce talent de mise en œuvre matérielle n'est

1. KUTSCHER, p. 138.
2. GOTTBERG, p. 22.

pas seulement le fruit d'une longue prévoyance, il se manifeste encore au cours de la campagne et dans les services de l'arrière par d'ingénieuses improvisations. Rosner nous décrit avec complaisance celles qu'on lui a fait visiter aux environs de Bruyères (Aisne), Quartier général du VIIe corps. Une vaste blanchisserie, installée dans un château, assure, à raison de 2.000 pièces par jour, le nettoyage, la désinfection, le raccommodage et au besoin le remplacement de tout le linge des soldats, qui peuvent ainsi en changer une fois par semaine. Une autre usine de campagne, dont le matériel est formé de vieilles machines agricoles transformées, utilise la récolte des fruits, très abondante en cette région, pour fabriquer des gelées, des confitures et du cidre. Une fabrique d'eau de Seltz stérilisée fournit aux troupes une boisson d'une pureté absolue, tandis qu'une briquetterie les pourvoit des matériaux nécessaires à la construction de confortables abris de campagne. Un abattoir et une laiterie moderne les ravitaillent de viande fraîche, de beurre et de fromage. Un atelier de réparations maintient en état toutes les machines nécessaires au fonctionnement de ces divers établissements. Il n'est pas enfin jusqu'aux os des animaux abattus qui ne trouvent leur emploi dans la fabrication d'engrais pour la culture des terres. Tout a donc été calculé pour ne pas laisser perdre la moindre des ressources que l'armée peut trouver en territoire occupé [1].

Après avoir fait le tour de cet ensemble d'installations, Rosner s'évertue à découvrir des épithètes pour les caractériser et celle d' « incroyable » lui paraît à peine suffisante pour exprimer l'admiration dont il est pénétré. Il ne paraît pas se douter qu'à quelques kilomètres de là, de l'autre côté du front, et plus particulièrement dans le secteur anglais, il aurait trouvé exactement les mêmes sujets d'émerveillement.

L'exagération même de ces louanges trahit l'erreur psychologique que l'on retrouve au fond de tous les jugements de l'Allemand moderne. Habitué à se considérer comme le centre du monde, il regarde *a priori* comme uniques, inimitables et sans précédents les progrès qu'il a pu y réaliser. Cet état d'esprit trouve son expression la plus naïve dans le préambule d'un chapitre où Ganghofer annonce l'intention de décrire, comme Rosner, l'ensemble des dispositions prises pour assurer le ravitaillement et la santé des combattants : « Comment ces services fonctionnent dans les armées de nos adversaires, se laisse-t-il aller à écrire, *cela je n'en sais rien;* mais d'après mes observations personnelles, *ce ne doit être*

---

1. ROSNER, *Der graue Ritter*, pp. 55-62. Cf. GANGHOFER, pp. 209 seq.

nulle part comme chez nous : ce que j'ai vu ici, la science, la prudence et l'application alle- mandes peuvent seules le produire [1]. » Comme on le voit, ce n'est plus là le langage d'un homme de science, attentif à ne se prononcer que sur des faits dûment constatés ; c'est l'affir- mation d'un croyant, assez sûr de posséder la vérité pour juger toute comparaison et toute discussion inutiles.

Au moins cette foi aveugle devrait-elle être toujours justifiée pour devenir communicative ; et ce n'est pas toujours le cas. L'écart est sou- vent énorme entre les faits sur lesquels elle se fonde et les affirmations auxquelles elle finit par conduire. Hegeler nous raconte par exemple comment, à Roulers, le personnel de son ambulance a été renforcé, en prévision d'une action prochaine, par un détachement de « sanitaires » venus de Gand. Et il ajoute : « Je cite le fait pour montrer ce que c'est que l'organisation allemande. Le commandement supérieur, projetant une offensive importante, prend aussitôt les mesures nécessaires à cet effet... Grâce à cette organisation, tout marche à merveille. Au commencement de la guerre on se plaignait de la pénurie d'infirmiers ; maintenant c'est juste le contraire [2]. » L'auteur en arrive ainsi à faire à l'État-major allemand

1. Ganghofer, p. 209.
2. Hegeler, pp. 59-60.

un mérite rare et comme un titre de gloire exceptionnel d'avoir pris les précautions élémentaires en usage dans toutes les armées à la veille d'une attaque ; et dans le même passage, il avoue que cette sollicitude tardive a eu pour objet de remédier à une longue imprévoyance ! On ne peut s'empêcher de constater à cette occasion que les admirateurs fanatiques de l' « organisation » se contentent parfois, à bien peu de frais !

IV

L'ARMÉE : LES FORCES MORALES

Cette puissance d'illusion devait avoir pour résultat une confiance illimitée et inébranlable, mais aussi présomptueuse et irraisonnée, dans l'issue finale de la lutte. Telle est en effet, au moins au début, l'impression dominante dans les rangs de l'armée. Les combattants de 1914 semblent, pour la plupart, affecter d'ignorer ce sentiment d'instinctive inquiétude que leurs pères de 1870 ne rougissaient pas d'avoir éprouvé en partant en campagne : « Dans le corps d'officiers, écrit le général de Moser au sujet de sa brigade, règne partout un optimisme que résume cette formule : à la guerre mondiale, l'Allemagne ne fera qu'une réponse : Victoire mondiale [1]. » Un marin, désireux de montrer que la flotte n'est pas inférieure à l'armée en ardeur guerrière, décrit ainsi les dispositions de ses camarades : « Per-

---

1. Von Moser, p. 4.

sonne ne veut rester en arrière, tous brûlent de courir à l'ennemi. Morts ou victorieux : voilà notre mot d'ordre, et malheur à l'Angleterre ! Le monde n'a jamais vu, même il y a cent ans, un pareil enthousiasme. Tous, jusqu'au dernier homme, nous sommes persuadés que nous aurons la victoire, et c'est avec cette certitude que nous nous sacrifions à nos enfants et petits-enfants [1]. » Cette volonté de confiance résiste même à la nouvelle des déclarations de guerre qui viennent inopinément grossir le nombre des adversaires de l'Allemagne. L'une des stupéfactions des officiers logés en Belgique chez l'habitant, c'est d'entendre leurs hôtes fonder leurs espérances sur l'évidente supériorité numérique des armées alliées : comme si la balance des forces en présence devait être le résultat d'une simple addition ! Ce mode de raisonnement par $5 > 2$ paraît aux guerriers allemands le comble de l'absurdité.

Plus tard, après les premiers succès, mais aussi le premier arrêt, lorsque Sven Hedin fait en septembre sa tournée dans les différents États-majors d'armée, il entend dans tous le même son de cloche : « Nous devons vaincre, quand même nous aurions le monde entier contre nous [2]. » Déclarations un peu suspectes sans doute, puisqu'elles s'adressent à un neutre

1. THÜMMLER, XII, p. 10.
2. SVEN HEDIN, pp. 400-401, 419.

« bienveillant », c'est-à-dire intéressé à les répandre, mais qui paraissent répondre au sentiment général. Un aviateur les reprend à son compte pour leur donner cette forme pittoresque : « Après tout ce que j'ai vu, je crois que nous pouvons répéter : « Chère patrie tu peux être tranquille » [c'est le refrain de la *Wacht am Rhein*...] quand bien même les Japonais et les Botocudos viendraient à la rescousse ». Avec cette lourdeur de lyrisme qui caractérise sa manière, Ganghofer développe enfin le même thème : « Partout, des soldats, des soldats et des soldats ! et dans chacun d'eux, un solide cœur allemand, deux poings puissants, une bonne humeur souriante. Allemagne ! Seuls des fous ou des pauvres d'esprit pourraient être en peine de ton avenir[1] » !

Dans les rangs de la troupe, des sentiments divers contribuent à faire régner le même optimisme. — C'est d'abord une croyance naïve, développée par l'éducation et l'orgueil national, dans la supériorité de l'armée allemande : « Nous qui sommes, déclare un soldat dans une incidente, et comme s'il énonçait une vérité incontestable, nous qui sommes, je puis le dire sans vanterie, les premiers soldats du monde[2]... » — C'est ensuite la conscience d'une unité d'origine et d'esprit qui s'oppose

---

1. GANGHOFER, p. 11.
2. *Der deutsche Krieg in Feldpostbriefen*, I, p. 251.

avantageusement à la variété de composition des troupes de l'Entente : « Je crois, écrit un étudiant, que cette seule circonstance nous donne sur elles un avantage marqué, car elle permet de reconnaître un frère de race dans le camarade que l'on a devant soi... et l'on ne peut pourtant pas traiter un nègre de camarade[1]. — » C'est encore la persuasion que la « discipline prussienne », en domptant la révolte des nerfs, représente dans le combat un irrésistible élément de succès. Pour en donner un exemple, un officier raconte avoir vu, à la bataille de Saint-Quentin, une section, dirigée vers une hauteur, éprouver un moment d'hésitation sous la pluie serrée des obus français et chercher un abri derrière des meules de paille. Sur l'invitation du général, auquel cet instant de faiblesse n'avait pas échappé, le lieutenant reforme ses hommes, les range face à l'ennemi, et leur fait exécuter sous le feu divers mouvements de maniement d'armes ; quand il les a remis en main, il leur commande « arme sur l'épaule, en avant ! » et il a la satisfaction de les voir atteindre l'objectif indiqué sans pertes, alignés comme à la parade. « C'est par là ajoute le témoin de cette scène que nous resterons toujours très supérieurs aux Français, bien qu'en bien des points ils soient au moins nos égaux[2]. » — A cette habi-

1. WITKOP, p. 26.
2. *Der deutsche Krieg in Feldpostbriefen*, V, pp. 69-70.

tude de la discipline matérielle s'ajoute enfin un instinct de subordination morale qui conduit à accepter docilement, non seulement les ordres, mais encore les moindres déclarations de l'autorité militaire. C'est ce qu'un soldat de l'armée d'Anvers nous fait comprendre par une comparaison familière. Ayant demandé à un officier d'État-major la date probable de la chute de la place, celui-ci lui indique un délai de cinq jours, vérifié depuis par les événements, « avec la même assurance tranquille qu'à Berlin le portier de la gare annonce pour 1 h. 12 le départ de l'express de Cologne. En campagne, on se laisse envahir par un sentiment de considération presque surnaturelle à l'égard du haut commandement. J'ai dans ses indications la même foi désormais que dans celles du portier de la gare de Berlin[1] ». Conviction de sa supériorité et confiance absolue en ses chefs, ce sont là pour une armée deux puissantes forces morales. Ne risquent-elles pas de se transformer en causes de démoralisation quand elles ne sont plus entretenues par le succès ?

On se demandera sans doute à ce propos comment ce double sentiment a pu résister aux multiples échecs qui l'ont mis à l'épreuve, en brisant partout l'offensive allemande après sa première progression. La réponse est

1. *Der deutsche Krieg in Feldpostbriefen* V, p. 235.

simple : à part les corps de troupe qui en ont
été les témoins immédiats, ni le peuple, ni
même l'armée n'en ont eu connaissance. Ce
n'est pas l'un des moindres miracles de l' « organisation » allemande que d'avoir réussi à
les cacher au public. Un lecteur non averti
pourrait parcourir les multiples productions
de cette littérature de guerre sans soupçonner
que les arrêts successifs imposés aux armées
envahissantes ont été autre chose que des repos
volontaires dans une marche triomphale.
L'exemple de Sven Hedin est typique à cet
égard. Il arrive au Quartier général allemand
au mois de septembre, au moment où la bataille de la Marne vient de changer le cours de
la guerre. C'est à peine pourtant s'il signale
cet événement capital par une petite phrase
incidente, présentée sous forme de parenthèse
et perdue au milieu d'un développement :
« A cette date, l'armée dut, pour des raisons
stratégiques, se porter à 50 kilomètres en
arrière [1]. » Ce semblant d'explication, donné
par le haut commandement, a paru sans doute
convaincant aux combattants, car tous — à part
une ou deux exceptions qui seront examinées
plus loin — la reproduisent dans leurs lettres.
L'un parle du grand mouvement « stratégique »
qui eut lieu au début de septembre, et un
autre, en le justifiant par la même épithète, le

1. Sven Hedin, p. 180.

représente comme « nécessaire pour faciliter les opérations ultérieures[1] ». C'est une stratégie singulièrement complaisante, que celle qui permet ainsi l'abandon de ses principaux objectifs.

La même ingéniosité de prétérition sert à dissimuler les échecs les plus caractérisés. Gottberg formait avec sa division la réserve des troupes qui, pendant trois jours, se lancèrent en vain à l'assaut des positions du Grand-Couronné de Nancy. Ce souvenir pénible ne paraît pas l'embarrasser et voici en quels termes il l'évoque : « Nous nous croyions destinés à entrer dans les places d'armes de Nancy et de Toul. Des événements ultérieurs nous donnèrent lieu de penser que, dans l'intention du haut commandement, ce n'était là qu'un simulacre d'attaque pour retenir le plus de troupes françaises possible loin des théâtres d'opérations du Nord de la France et de la Belgique. *Nous avions même l'ordre de ne pas dépasser dans notre avance une ligne déterminée.* » Gottberg néglige seulement de préciser l'emplacement de cette ligne et de nous indiquer pourquoi l'État-major a cru devoir risquer, pour une simple feinte, les pertes d'une grande bataille.—Sur l'Yser, où il est envoyé plus tard, il explique l'arrêt de l'armée par le découragement de l'adversaire qui, se sentant perdu,

---

1. Thümmler, XII, p. 28, et XI, pp. 21-22.

aurait déchaîné les éléments pour sauver une situation désespérée[1]. Plus tard, les résultats de la grande offensive française en Champagne (septembre 1915), qui se chiffrent par la perte de milliers de prisonniers et de centaines de canons, sont ramenés par Rosner à « l'abandon de quelques kilomètres carrés, ce qui n'est rien[2] ».

Il n'est pas enfin jusqu'aux combats sur mer, si malheureux pour les armes allemandes, dont le récit ne subisse les mêmes déformations. On se souvient de la bataille navale du 24 janvier 1915, au cours de laquelle l'escadre impériale, partie pour attaquer en force la côte anglaise, dut se retirer précipitamment devant la flotte de l'amiral Beatty et perdit le *Blücher* dans sa retraite. Voici ce qu'elle devient dans le passage final de la lettre d'un marin : « Si les Anglais cessèrent la poursuite, c'est qu'ils étaient trop lâches et ne se souciaient plus de se frotter à nous. La lutte leur avait d'ailleurs coûté cher, car ils avaient perdu un cuirassé et au moins trois contre-torpilleurs (! ?), sans compter les autres dégâts... Nous aussi, nous avons à pleurer les braves du *Blücher*, mais notre adversaire, supérieur en forces, avait perdu plus que nous et c'est lui qui rompait le combat. La victoire était donc à

---

1. GOTTBERG, pp. 35, 126-129.
2. ROSNER, *Der graue Ritter*, pp. 115-119.

nous[1]. » Les mêmes illusions d'optique semblent
enfin caractériser le récit qu'un chauffeur du
Wiesbaden nous a laissé de la grande bataille
du Jutland (31 mai 1916) qui se termina également par la fuite de la flotte allemande. Il la
représente comme une « grande, une magnifique victoire », sans chercher d'ailleurs à justifier cette affirmation. Son bâtiment, il est vrai,
a été coulé, mais la lenteur même qu'il a mise
à disparaître dans les flots lui paraît un « écla-
tant triomphe pour la solidité de la construction allemande[2] ». Informés avec cette précision
sur les péripéties de la guerre, les civils ne
nous paraissent-ils pas excusables d'avoir conservé longtemps une confiance granitique en
son issue finale ?

1. Thümmler, XXVI, p. 18.
2. Spiegel, pp. 43, 90-91.

V

L'ARMÉE : LES VERTUS CIVILES ET MILITAIRES

Ce serait mal connaître l'étendue des prétentions germaniques que de les supposer limitées
à la maîtrise et presque au monopole des vertus
guerrières. Les combattants allemands voudraient également faire croire à leur supériorité morale, et ils y tiennent d'autant plus
qu'elle leur est plus justement contestée.
Comme plus tard celle de « Boches », l'épithète
de « Barbares » attachée à leur nom paraît particulièrement sensible à leur amour-propre. Ils
le laissent voir par de continuelles allusions,
faites sur un ton qu'ils voudraient rendre ironique, mais renouvelées avec une insistance
qui trahit leur profonde irritation. Chaque fois
que les éditeurs de lettres du front y trouvent
à citer un trait d'humanité à l'actif d'un soldat,
ils ne manquent pas de souligner cette découverte inespérée par des titres dans ce goût :
« Comment se comportent les Barbares » ou :
« Qui sont les Barbares ? ». Bien plus, lorsque

l'un d'eux publie en un volume les correspondances de guerre d'un valet de plume étranger (c'était, comme par hasard, un compatriote de Sven Hedin) il ne trouve rien de mieux, pour baptiser cette œuvre apologétique, que d'inscrire en grosses lettres sur la couverture ce mot de « Barbares », inventé, dit-il dans le prospectus, pour vouer l'Allemagne au mépris du monde, mais destiné en réalité à tourner « à sa gloire éternelle [1] ».

En se rappelant les susceptibilités des combattants allemands sur ce point, l'on pouvait s'attendre à trouver dans leurs souvenirs et dans leurs lettres l'étalage de toutes les vertus propres à justifier leur laborieuse candidature à la civilisation : et au premier rang, celle qui semble la plus naturelle à des gens habitués à vivre dans une sorte de demi-familiarité avec leur « bon vieux Dieu ». Ils tiennent à laisser derrière eux une solide réputation de piété. Ce souci se manifeste d'abord par la place qu'occupe dans les premières lettres du front la description de services divins célébrés au moment du départ des troupes et suivis avec un recueillement édifiant. Plus tard, en pays occupé, la valeur de ces démonstrations religieuses se double de l'effet qu'elles peuvent produire sur les populations. Un correspondant occasionnel de la *Gazette de Francfort* rend compte, en

1. Arvid Knoppel, *Barbaren*. Berlin, Scherl, 1916.

termes lyriques, d'un concert spirituel organisé sous les voûtes de la cathédrale de Laon par les officiers et le personnel sanitaire de la garnison. Il y voit « une image monumentale de la force primitive et de la gravité allemandes[1] ». Rosner, de son côté, trouve des accents émouvants pour célébrer le soin pieux avec lequel les Bavarois des côtes lorraines ont réparé l'église d'Hattonchâtel, à moitié démolie par les obus ; entre deux tours de garde à la tranchée, ils viennent brûler un cierge et faire leurs dévotions devant une image de la Vierge que leurs mains ont entourée de fleurs en papier[2]. — Et si quelque lecteur sceptique s'avisait de voir dans le bombardement de la cathédrale de Reims un singulier témoignage de ce respect pour les lieux saints, il suffirait pour le confondre, de lui mettre sous les yeux ce passage de la lettre d'un lieutenant prussien à sa femme : « Hier, je me rendis en certains points d'observation pendant que notre artillerie bombardait Reims. Pauvre ville ! Quel spectacle d'horrible et infernale magnificence, que de voir les flammes s'élever de tous les points de la cité ! Quel serrement de cœur à l'aspect du feu qui dévore un ensemble de monuments d'une si superbe beauté ! Faut-il que les Français soient fous, pour persister dans leur résis-

---

1. Lettre reproduite dans *Wir draussen* (publication de propagande), n° 75.
2. ROSNER, *Vor dem Drahtverbau*, p. 31.

tance et se rendre ainsi coupables d'une destruction qui est une nécessité pour nous [1] ! »

Ces hommages extérieurs rendus à la Provi-
dence ne sont peut-être pas d'ailleurs tout à fait
désintéressés. Faute de voir suffisamment reconnaître leurs mérites en dehors de leurs frontières, ou peut-être même d'en être suffisamment persuadés, les Allemands en prennent
volontiers la divinité à témoin, s'abritent derrière elle pour justifier leur manière d'agir et
finissent par croire qu'ils sont ses représentants sur la terre. C'est là une thèse qu'ont
largement exploitée les prédicateurs de campagne, et que leur influence a fait peu à peu
pénétrer dans les esprits. Un lieutenant d'artillerie de réserve, instituteur de son métier,
raconte comment, dans sa division, l'absence
d'aumôniers réguliers a forcé les officiers à
faire eux-mêmes aux troupes le sermon domi-
nical. Appelé lui-même à remplir cet office, il ne
s'en montre nullement embarrassé et développe
la pensée suivante : « L'esprit chrétien, indis-
solublement lié à l'esprit allemand, mène le
bon combat contre l'esprit du diable, le mer-
cantilisme et le mensonge. Dans cette guerre, la
cause de l'Allemagne est celle du Royaume de
Dieu [2] ».

Le respect de la mort accompagne d'ordi-

1. *Un mese di guerra* (publication de propagande pour l'Italie).
Livraison de novembre 1914, p. 35.
2. THÜMMLER, XXIV, p. 7.

naire la piété envers Dieu. A en croire les Allemands, le culte en serait l'une de leurs spé-
cialités, l'on pourrait dire de leurs inventions.
Un habitant d'une ville rhénane, après avoir
assisté à l'enterrement solennel d'un soldat
français décédé en captivité, revient du cime-
tière avec un officier qu'il trouve absorbé dans
de profondes réflexions. Tout à coup, celui-ci
rompt le silence pour se dire à mi-voix : « Qui
sait si là-bas les mêmes honneurs sont rendus
à nos morts ? » Puis il ajoute sur un ton d'amertume : « Et nous ne sommes que des Barbares[1]. » C'est une réflexion analogue qu'inspire
à Ganghofer la vue de cadavres laissés sans
sépulture entre deux lignes de tranchées. Il
rejette naturellement sur les Français toute la
responsabilité de ce pénible incident, inévitable
dans la guerre de positions, et conclut en
disant : « Comme entre les hommes, il existe
entre les peuples des différences péremptoires.
Mais c'est nous qui naturellement sommes les
« Barbares », tandis que la France « marche à la
tête de la civilisation[2] ». On retrouve ici la
trace de l'obsession à laquelle l'Allemand ne
peut se soustraire quand il passe en revue les
raisons d'être satisfait de lui-même.

Les sentiments familiaux ont tenu toujours
une place d'honneur dans le catalogue de ses

1. THÜMMLER, XIV, p. 28.
2. GANGHOFER, p. 213.

vertus. Ce n'est pas une raison pour les célébrer sur un ton d'exagération propre à dissiper chez le lecteur l'estime même qu'ils méritent. Une fois de plus, le même Ganghofer n'a pas laissé l'occasion de nous fournir à ce propos une nouvelle réplique de la fable du *Pavé de l'Ours*. Il trouve dans la tranchée un soldat en train d'écrire à sa femme : occupation à laquelle se livrent, dans leurs moments de loisir, les soldats mariés de toutes les armées combattantes. Ecoutez quel couplet lyrique lui inspire cet humble spectacle : « Sa femme ! Je ne puis dire à quel point m'impressionna ce beau mot ! C'était pour moi la merveilleuse chanson de l'honnêteté et de la pureté de cœur de cet homme vraiment allemand. Sa femme, ses enfants, son foyer et son devoir de soldat, voilà toute son existence. Et comme celui-là, il y en a des milliers, des millions des nôtres. Qui pourra jamais nous vaincre[1] ? » On saisit ici sur le vif l'application, uniforme jusqu'à la monotonie, du procédé qui consiste à forcer le sens des constatations les plus banales pour en tirer des gages assurés de victoire.

Reste enfin le sentiment de l'honneur militaire, dont les combattants allemands seraient volontiers tentés de s'attribuer le monopole. Ils paraissent sentir toutefois combien cette prétention est aventurée de leur part, car ils

1. GANGHOFER, p. 131.

montrent à cet égard une sensibilité presque maladive, et dont Gottberg nous apporte un bien curieux témoignage. Ayant fait dans un combat en Belgique un groupe d'officiers anglais prisonniers, il voit le plus élevé en grade venir lui serrer la main comme à un adversaire loyal et le remercier de la manière chevaleresque dont ses camarades ont été traités. La courtoisie de ce geste irrite Gottberg au lieu de le satisfaire, pour des raisons assez différentes de celles que l'on pourrait supposer. « Un Allemand, dit-il, considérerait qu'adresser des remerciements de ce genre à des officiers étrangers, ce serait leur faire injure, car lui-même appartient à une armée *qui n'agit jamais autrement que d'une manière chevaleresque* et qui, pour cette raison, prête, jusqu'à preuve du contraire, les mêmes qualités à ses adversaires. » Le ton d'assurance tranquille qu'affecte l'auteur semble d'ailleurs lui faire peu d'illusions sur la valeur du brevet de chevalerie qu'il décerne à ses compagnons d'armes; car aussitôt après avoir déclaré sa conscience en repos, il se lance dans une furieuse diatribe contre les calomniateurs assez effrontés pour s'en prendre à l'honneur de son armée : « Celle-ci se tait, trop fière même pour mépriser (!). Elle sait combien son écusson est immaculé et se sent au-dessus des louanges comme des critiques étrangères. Ce n'est ni aux ennemis ni aux neutres qu'il appartient de porter une appréciation sur la gloire qu'elle s'est acquise avec son épée. Elle ne connaît que deux juges de son honneur : son vieux Dieu dans le ciel, et sur terre son généralissime [1]. »

On peut alors se demander quel est le sens de l'immense effort de propagande auquel ses défenseurs se sont livrés pour convaincre le monde entier de la pureté de leurs intentions.

[1]. GOTTBERG, p. 92.

VI

L'ARMÉE : L'ŒUVRE CIVILISATRICE.

Cette énumération de leurs vertus peut produire quelque effet sur les âmes simples, mais elle ne saurait suffire, ni à changer leur réputation, ni à faire tomber les reproches auxquels a donné lieu leur manière de faire la guerre. Ils l'ont bien compris et ont eu recours à un mode de démonstration plus direct pour prouver qu'ils ne sont pas des « Barbares ». Les termes de « barbarie » et de « civilisation » n'ont qu'un sens relatif et ne peuvent être définis que par leur contraste même. Pour rendre évidente leur supériorité morale ou matérielle sur leurs adversaires, les combattants allemands s'étendent longuement sur les résultats de leur activité en pays occupé ; ils s'évertuent à comparer ce qu'ils y trouvent avec ce qu'ils y apportent, décrivent par le menu toutes les améliorations qu'ils y introduisent, bref, cherchent à donner l'impression qu'ils y accomplissent une œuvre civilisatrice. L'entreprise avait l'air d'une gageure, mais elle ne les a pas effrayés.

Leur premier soin sur le sol étranger a naturellement été d'y effacer les traces des récents combats et surtout d'y remettre en état les voies de communications, endommagées pour entraver leur avance. Lorsqu'il pénètre en territoire français à la suite des envahisseurs, Ganghofer les trouve appliqués à cette besogne assez humble, mais nécessaire, et familière en tous cas à toutes les armées. Il ne croit pas moins devoir s'extasier sur les prouesses des soldats du génie, cite comme un tour de force le cas de deux compagnies bavaroises qui en cinq jours ont établi un pont de bois sur la Somme, rapporte comme une pensée profonde un banal éloge de l'Empereur à la solidité de ce que construisent les pionniers allemands. Emporté par son enthousiasme il va jusqu'à s'écrier : « Nous voulons être un peuple entier de pionniers [1]! », sans paraître s'apercevoir que cette définition, entendue dans son sens limitatif, pourrait être adoptée par les ennemis de son pays. Il est piquant, en tous cas, de la rappeler au moment où les Allemands viennent de prouver que, dans une récente retraite, ils s'entendaient encore mieux à détruire qu'à construire.

Après les réparations nécessaires, ils se sont occupés d'établir un semblant d'ordre et d'organisation dans les régions envahies. Ils n'y

---

1. Ganghofer, pp. 33, 61, 114, 119.

ont pas été amenés par un sentiment de sollicitude envers les populations, mais par leur
intérêt personnel et surtout par une pensée
d'orgueil. Ils ont voulu, d'une part, mettre en
valeur toutes les ressources du pays pour les
mieux exploiter et d'autre part imprimer partout, pour y plier les âmes comme les corps,
les marques de leur domination. Le souci de
cette prise de possession morale, apparent déjà
dans le caractère « indestructible » des inscriptions qu'ils laissent comme trace de leur passage, perce dans leurs moindres réflexions.
« Jusque dans les plus petits détails, écrit l'un
d'eux, le Français doit apprendre qu'il a affaire
à un peuple capable de vaincre ses adversaires
sur le terrain de la *kultur*[1]. » Ailleurs Rosner,
en voyant des landwehriens cultiver des
champs abandonnés, entonne un couplet sur
« la sueur du travail allemand qui coule pour
assujettir à sa volonté le sol étranger. La glèbe
même semble en avoir conscience ». Plus loin,
il découvre dans l'aspect d'un village qu'il traverse « une victoire du balai allemand sur la
crotte française[2] ». C'est le cas de dire que
chaque peuple remporte les victoires qu'il
peut.

Celle dont s'enorgueillit Rosner a évidemment une valeur particulière aux yeux de ses

1. Thümmler, IV, p. 16.
2. Rosner, *Der graue Ritter*, pp. 20, 36 et 48.

compatriotes, car elle leur inspire une admiration qui s'épanche avec une fatigante prolixité. Ils ne tarissent pas en détails sur la propreté qu'ils ont introduite dans un pays où elle était sans doute inconnue avant eux. Devant Verdun, les rues d'un village où cantonne un combattant « sont admirablement nettoyées, comme elles ne l'auront jamais été sous le régime français. Les tas de fumiers gisant devant chaque porte sont taillés en carrés, à la manière prussienne, et correctement alignés[1] ». Cette démonstration de la supériorité germanique par la forme des fumiers ne coûte pas d'ailleurs grand'peine à ceux qui en tirent vanité, car ils chargent les femmes de la localité du travail de la voirie et ajoutent ainsi à l'orgueil de triompher la satisfaction d'humilier. Plus tard un officier, transféré de Pologne sur le front occidental, se déclare émerveillé de l' « ordre allemand » qui règne dans la France envahie. Les trains arrivent à l'heure précise et sont munis de wagons-restaurants. Vouziers, où il débarque et qui est d'ailleurs abandonné par la population civile, lui paraît « un modèle de propreté et de bonne tenue, » sans doute parce qu'il y trouve une brasserie installée par ses compatriotes[2]. Hegeler enfin résume l'impression et les prétentions géné-

---

1. *Der deutsche Krieg in Feldpostbriefen*, IV, p. 230. Cf. GANGHOFER, p. 61.

2. *Was ich in mehr als 80 Schlachten erlebte*, pp. 94, 113.

rales quand il s'écrie dans un accès d'enthousiasme : « Lorsqu'on écrira l'histoire de cette
campagne, elle contiendra, à côté du récit des
batailles soutenues par nos soldats contre l'ennemi, quelques pages consacrées aux victoires
qu'à l'Est comme à l'Ouest ils ont remportées
sur la saleté ; on dira comment ils ont enlevé des
montagnes d'immondices et des fondrières de
boue, détruit des myriades d'insectes, établi
des canalisations dans les localités entières,
pourvu de perfectionnements modernes des
hôpitaux et des casernes dont l'hygiène était
avant eux une dérision. Nos ennemis en seront
stupéfaits et apprendront, il faut l'espérer, à
se servir de ces installations « barbares[1]. »

L'activité germanique en territoire occupé
ne s'est pas bornée à réparer et à assainir,
elle aurait réussi également à entretenir, à
améliorer et à créer. Près de Charleville, la
villa choisie par l'Empereur pour son Quartier
général se trouve en meilleur état que du
temps de son légitime possesseur : il est fâcheux que ce dernier ne soit pas là pour apprécier sa félicité [1]. A Saint-Quentin, la direction
d'une ambulance installée dans une filature
pousse la sollicitude jusqu'à faire fonctionner
une heure par jour les organes de transmis-
sion de la force motrice, de peur qu'ils ne se

1. Hegeler, p. 107.
1. Ganghofer, p. 38.

rouillent par l'inaction. La générosité de ce geste inspire à Ganghofer un sentiment d'attendrissement, aussitôt tempéré par la crainte qu'elle ne soit ni connue ni appréciée du propriétaire lorsqu'il reviendra [1]. A Hattonchâtel, les pionniers bavarois ont transformé une étable à porcs en un cercle souterrain à l'abri des bombes, décoré dans le plus pur style religieux de l'époque carolingienne et qui restera l'une des curiosités artistiques de la région [2]. De même à Zeebrugge, les officiers de marine, trouvant sans doute que le pays où les avait conduits la fortune des armes manquait de monuments, se sont résolus à combler à leurs frais cette lacune ; ils ont construit sur la plage un casino improvisé qui est, paraît-il, un chef-d'œuvre de bon goût. En nous le décrivant, Bartsch tremble à la pensée qu'après leur départ un acte d' « inutile et sotte barbarie » pourrait détruire ce monument de leur culture [3].

En ce cas, l'ingratitude serait d'autant plus impardonnable de la part des Belges qu'ils ont encore une autre obligation envers les envahisseurs : ils leur doivent l'apprentissage des belles manières. Si invraisemblable que paraisse le fait, Gottberg l'affirme sans paraître plaisanter. Lors d'un premier voyage à Bruxelles, au

1. GANGHOFER, p. 219.
2. ROSNER, *Vor dem Drahtvebau*, p. 29.
3. BARTSCH, p. 218.

début de l'occupation, il avait été frappé de l'évidente hostilité témoignée à ses compatriotes ; lors d'un second séjour, en octobre, il trouve la population « plus aimable » et il attribue cet heureux changement à l'influence des femmes, dont certaines lui auraient dit, d'un air pénétré de reconnaissance : « Nos maris apprennent beaucoup des Allemands : ils commencent à se lever en tramway pour nous céder la place, et quand ils saluent, ils font claquer les talons l'un contre l'autre, à la manière des officiers. » Qui aurait cru les Bruxellois si rebelles jusqu'alors aux préceptes de la galanterie et les Bruxelloises si accessibles au prestige de ces façons de cirque [1] ?

Après la propreté, l'exactitude, la courtoisie, l'art de l'ingénieur ou de l'architecte il ne restait plus aux soldats de Guillaume II à apporter aux habitants des pays occupés que la révélation de la liberté politique et de la moralité privée. L'orgueil allemand n'a pas reculé devant le ridicule de cette double prétention. Il a trouvé cette fois pour la soutenir le naïf Rosner et l'ineffable Hans Bartsch.

Le premier déclare avoir été le témoin d'un « événement invraisemblable » à la table du général de Zwehl, dont il était l'invité. Il entend les convives, officiers qui sembleraient devoir être absorbés par leur spécialité, s'ingé-

---

1. GOTTBERG, p. 84.

nier à chercher les moyens de ranimer la vie communale, « stagnante depuis des années, » dans les villages français de leur secteur. Comme il n'y reste plus que des vieillards impotents, des enfants et des femmes, le fils du général, « lieutenant doublé d'un juriste et d'un poète », propose d'accorder à ces dernières le droit de vote et même d'éligibilité. C'est avec ce système de suffrage vraiment universel que les communes nommeront, en nombre proportionnel à leur importance, des délégués dont la réunion formera une sorte de Parlement local, consulté sur toute les questions où sont engagés leurs intérêts. Il ne s'agit là sans doute, comme on le voit au premier coup d'œil, que de projets en l'air, d'effusions après boire, de développements fantaisistes destinés à défrayer la conversation. Rosner pourtant les prend au sérieux et n'en revient pas ; il lâche la bride à son imagination pour s'écrier : « Où, en quel endroit du monde entier ailleurs que sur un sol occupé par les Allemands, une pareille chose est-elle possible? où peut-on concevoir ailleurs qu'au milieu d'une lutte pour la vie ou la mort on se pose cette question : « Comment nous y « prendre pour assurer aux femmes de nos enne- « mis un droit nouveau, capital, approprié au « caractère particulier de leur situation ? » Où peut-il arriver qu'en pays envahi on atteigne d'emblée une solution regardée jusqu'alors pour une utopie par les peuples de ce vieux monde ?

En vérité, cette guerre montre une fois de plus que les extrêmes se touchent, et que la dictature de ce militarisme si décrié représente un facteur d'idéal social[1]. » La moralité pratique de cette tirade, c'est qu'il faudra s'adresser désormais aux généraux prussiens pour réaliser les aspirations les plus généreuses, les réformes les plus hardies, laissées avant eux en suspens par la timidité des civils. Il est regrettable que les populations soumises à leur férule aient mis jusqu'ici une singulière obstination à méconnaître leurs vertus régénératrices.

S'ils se présentent en France comme des fourriers de liberté, en Belgique ils n'ont pas oublié qu'ils servent une dynastie dont la devise était d'établir dans ses États « le règne de la crainte de Dieu et des bonnes mœurs ». D'après Bartsch, le premier acte du général de Bissing, gouverneur de Bruxelles, aurait été de porter sa sollicitude sur... les trottoirs, dont les séductions n'avaient pas laissé ses soldats insensibles et dont les habituées semblaient soustraites avant lui à toutes les obligations d'une exacte police sanitaire. Il les fait arrêter en bloc et confier aux soins de la Croix-Rouge allemande : les docteurs traitent leurs infirmités professionnelles, tandis que le personnel féminin s'occupe de leur âme. Touchant spectacle de « bon ordre allemand » (*Deutsche Ord-*

---

1. Hegeler, *Der graue Ritter*, pp. 48-50.

nung) auquel Bartsch confesse n'avoir **pas** assisté sans émotion : « Si ce sujet est **scabreux**, conclut-il avec un bonheur d'expression qu'il faut lui laisser, j'y ai touché néanmoins, car je pense que des milliers de femmes allemandes ont le droit d'être sûres que, *si leurs maris n'ont pu se préserver de certaines faiblesses*, du moins les mesures les plus sages et les plus énergiques ont été prises pour leur en épargner les suites[1] ». Cette phrase, qu'il serait fâcheux de laisser perdre, semble caractériser à merveille le mélange de pharisaïsme, de suffisance et de grossier matérialisme qui forme le fond de l'âme germanique.

Redevables aux envahisseurs de pareils bienfaits, les populations des pays envahis se montreraient bien ingrates si elles ne leur en témoignaient de la reconnaissance, voire de l'attachement. Cette conclusion, les combattants allemands n'osent guère la formuler, mais ils ne seraient pas fâchés de la sous-entendre, soit par des insinuations assez claires, soit par le récit d'épisodes isolés que le lecteur sera naturellement porté à généraliser. Une lettre du front, imprimée dans une publication de propagande répandue à profusion à l'étranger, est tout entière consacrée au développement de ce thème : « Tu ne peux te faire une idée de la peine qu'ont eue à nous voir

---

1. BARTSCH, p. 209.

partir les habitants français du petit village de L... où nous avons séjourné quatre mois entiers. » L'auteur décrit avec une laborieuse abondance les adieux déchirants que ses camarades et lui échangent avec leurs hôtes forcés, les torrents de larmes qui coulent de tous les yeux. La sincérité de son témoignage est d'ailleurs immédiatement compromise par le parti qu'il en prétend tirer. Tels sont, dit-il, pour terminer ces « Barbares dont on regrette de se séparer ! N'est-ce pas véritablement le monde à l'envers ? Si au lieu d'ajouter foi aux calomnies des adversaires, le monde voulait une bonne foi ouvrir les yeux ! Enfin un jour viendra où cette satisfaction nous sera sans doute donnée et c'est cette pensée qui nous console tous [1] ! »

L'auteur ne semble avoir d'ailleurs qu'une confiance limitée dans la sûreté de prévisions, qui se heurtent à la résistance du « chauvinisme » français. En Belgique, les Allemands oubliant les atrocités qu'ils ont commises, ont paru se flatter de faire des conquêtes morales plus solides, parce qu'elles reposent sur leur communauté de race avec la partie germanique de la population. Hegeler nous expose longuement les perspectives qu'ouvre à son imagination cette idée que « les semences jetées sur le sol par les Allemands sont destinées à se déve-

---

1. *Un mese di guerra.* Livraison de mars 1915, p. 58.

lopper et à fleurir dans l'avenir ». A l'en
croire, leur seule présence en Belgique aurait
eu pour incontestable effet d'y dissiper les préventions qui y régnaient au sujet de leur pays.
Par leurs qualités, ils ont présenté une fidèle
image et donné une haute idée de la véritable
Allemagne. Non seulement, en effet, on les a
vus accomplir, dans les localités dévastées par
la guerre, leur besogne habituelle d'agents
voyers, architectes, ingénieurs ou antiquaires,
mais ils ont encore émerveillé leurs hôtes par
tous les témoignages d'une civilisation supérieure. Ils leur ont montré : dans les colis postaux venus de chez eux des « objets de culture
corporelle » dont l'usage était encore inconnu
de ceux-ci (?) : sur les cartes postales illustrées
reçues de leurs familles, des monuments artistiques qui soutiennent la comparaison avec
ceux dont s'enorgueillissent les Flandres ; dans
leurs conversations enfin une science de l'histoire locale étrangère à beaucoup d'indigènes.
A tous ces mérites ils joignent celui d'apparaître en « libérateurs », destinés à faire cesser le régime de violente francisation sous lequel gémissent les populations flamandes et à
leur fournir enfin les moyens de développer
leur génie national. Comment de pareils services pourraient-ils être oubliés ? Hegeler ne
le pense pas, car il conclut hardiment : « Quel
que soit le sort futur de la Belgique, nous
sommes en droit d'espérer que ce pays, con-

quis matériellement et moralement par nous,
ne verra plus jamais en nous des ennemis [1]. »
Cette affirmation, qui ne semble avoir de valeur
que par antiphrase, peut faire sourire, mais elle
mériterait d'être reproduite pour montrer à
quel point est insondable la profondeur des
illusions allemandes.

1. Hegeler, p. 81-83.

VII

LES ADVERSAIRES BELGES ET RUSSES

L'idée que les témoins allemands de la guerre ont voulu nous en donner ne semblerait pas complète si l'on ne recherchait sous quels traits ils ont voulu nous représenter, après leur propre armée, celles qu'ils ont eu à combattre. A l'égard des divers adversaires réunis contre eux par la maladresse de leur diplomatie ils éprouvent des sentiments assez différents, déterminés à la fois par leurs anciennes préventions du temps de paix et par leurs premières expériences de campagne.

Il faut mettre d'abord à part les Belges et les Russes, sur lesquels leurs impressions du début sont forcément rapides et trompeuses Ils ont trop facilement écrasé les premiers et repoussé les seconds pour être en état de porter autre chose que des jugements sommaires sur la valeur militaire des uns et des autres. Ayant vu l'armée belge céder à leur écrasante supériorité numérique pour se con-

centrer dans ses places fortes, ils la déclarent
de ce fait inapte à l'offensive ; ils reprochent à
son artillerie de tirer peu et mal, à sa cavalerie
de ne jamais se montrer, à ses fantassins
mêmes de n'être capables de résistance que
derrière des solides retranchements et de recourir en rase campagne à des ruses interdites
par les lois de la guerre : quand ils sentiraient
leur situation compromise, ils lèveraient les
mains en l'air, ou même arboreraient le drapeau blanc pour faire cesser le feu de leurs
adversaires et les accueillir ensuite par une
décharge inattendue [1]. C'est là une accusation
que les Allemands renouvelleront par la suite
avec une si persistante monotonie contre tous
leurs ennemis, depuis les Russes jusqu'aux
Anglais, qu'on est en droit de se demander si
elle n'a pas précisément pour objet de justifier
l'emploi par eux-mêmes de pareilles pratiques ;
on n'a pas oublié que ces mensonges préven-
tifs leur ont paru de bonne guerre lorsqu'ils
ont eu à inaugurer l'usage des gaz asphyxiants
sur les champs de bataille.

Plus tard la rapidité, un peu surprenante
pour eux-mêmes, avec laquelle ils s'emparent
d'Anvers, semble confirmer à leurs yeux la
sévérité de leurs premières appréciations sur
les Belges [2]. Après la chute de la place enfin,

---

1. *Der deutsche Krieg in Feldpostbriefen*, I, p. 96.
2. *Der deutsche Krieg in Feldpostbriefen*, I, p. 254.

ils ont affaire à une armée rompue, en proie à un commencement de démoralisation, et dont les défaillances individuelles peuvent aisément prêter à la calomnie. Gottberg, par exemple, prétend avoir entendu des soldats prisonniers se plaindre d'avoir été abandonnés par leurs officiers, passés en Hollande; mais lui-même se défend d'ajouter foi à des racontars aussi suspects par leur origine et il avouera que, si dans la première partie de la campagne il a pu mettre en doute la capacité de résistance des Belges, il a été largement détrompé lorsqu'il est arrivé sur l'Yser [1].

Quant aux Russes, le combattant allemand en était séparé, avant la guerre déjà, par tout un monde de préjugés, résumés dans cette appellation de « Barbares semi-asiatiques [2] » par laquelle il les désigne dans ses lettres. Toutes les raisons lui paraissent bonnes à l'appui de cette opinion préconçue, dont il ne reviendra qu'avec une extrême lenteur. Il invoque d'abord, afin de la rendre vraisemblable, le mépris proverbial des soldats russes pour les soins de propreté, et la promptitude de leurs officiers eux-mêmes à transformer en véritables fumiers les chambres où ils se trouvent logés. C'est là un inépuisable sujet de plaisanteries pour tous les auteurs de souvenirs de guerre sur le front oriental : un méde-

1. THÜMMLER, VIII, p. 10.

cin militaire va même jusqu'à faire appel au
concours de « Roger et Gallet », c'est-à-dire
d'un fournisseur français, pour dissiper les
relents qui offusquent ses narines dans un
quartier précédemment occupé par les Cosaques [1] !

D'après ses camarades et lui, l'attitude des
Russes au feu ne serait pas de nature à leur
faire pardonner les lacunes de leur éducation.
Les uns se rendraient à la première apparence
de danger sérieux, les autres en accompli-
raient le simulacre pour pouvoir tirer ensuite
plus sûrement sur les assaillants ; les prisonniers se précipiteraient aux genoux de leurs
gardiens et ne feraient nulle difficulté d'avouer
que la crainte seule de leurs officiers les empêche de déserter en masse. Qu'attendre d'autre
part des Cosaques, troupe de police employée
jusqu'alors à réprimer les manifestations populaires ? A la guerre, leur habileté à se dérober
à toute poursuite et leur prédilection pour les
combats de nuit ne représentent que des formes
variées de la lâcheté [2].

On a peine à comprendre comment, en face
de pareilles troupes, l'armée allemande a pu
mettre tant de temps à prendre Varsovie, et
ne s'est pas élancée d'un seul bond jusqu'à
Pétrograd. Un petit fait significatif permet

1. PLENZ, *Kriegsbriefe eines Feldarztes* (Perthes, Gotha, 1916),
p. 18.
2. THÜMMLER, I, pp. 11-12, X p. 10, XXI, pp. 27-30.

d'ailleurs de réduire à leur juste valeur ces
étonnantes assertions en mettant en lumière la
haine qui les inspire. Dans une ambulance
allemande de campagne, le soir d'un rude
combat, le médecin chef doit faire violence à
ses sous-ordres pour qu'ils pansent deux officiers ennemis blessés. Si les Russes sont ainsi
considérés comme hors de l'humanité, pourquoi s'astreindre à respecter à leur égard les
lois de la vérité ?

Le dernier et le principal grief invoqué
contre eux est enfin le souvenir de leur brève
incursion dans la Prusse-Orientale, tout au
début de la guerre. Les cruautés et les dévastations dont ils s'y seraient rendus coupables ont
fait l'objet de descriptions horrifiques, destinées à allumer le feu d'une « sainte colère » dans
les cœurs allemands, mais dont le premier effet
sur le lecteur est de provoquer de continuelles et instructives comparaisons avec les
récits de l'invasion en France et en Belgique.
Le médecin militaire dont on reproduit plus
haut le témoignage déclare, par exemple, sa
plume impuissante à dépeindre la désolation
de la Prusse envahie, après le départ des
Russes ; la plaque photographique pourrait
seule, d'après lui, rendre cet affreux spectacle [1].
Certains clichés en ont été, en effet, publiés,
mais ceux qui ont été pris en 1917 à Noyon

1. PLENZ, p. 12.

et à Chauny ont une bien autre éloquence. On lui rapporte qu'à Angelburg, localité de 6.000 habitants, 58 personnes auraient été fusillées en un jour par les Cosaques. Si fâcheux que soit le fait, on en arrive à trouver ce chiffre presque insignifiant quand on se rappelle les vastes hécatombes de Dinant, de Louvain et de Termonde. Le même officier manque enfin suffoquer d'indignation, pour avoir trouvé sur un prisonnier, à côté d'objets de lingerie volés, des lettres emportées dans le pillage d'un bureau de poste : « Passe encore pour les mouchoirs, remarque-t-il, car si l'on n'en a pas à la guerre, l'on en prend où l'on peut. Mais quel scandale que de voler à des étrangers des correspondances infiniment précieuses pour eux, et qui peut-être représentent la dernière pensée de l'expéditeur ! Cela représente pour moi une dépression (*Tiefstand*) de culture qui, par l'exemple d'un individu, éclaire la mentalité de tout un peuple [1]. » On sait du reste quel respect les autorités impériales professent pour l'inviolabilité des lettres privées et comment en Belgique des civils inoffensifs ont payé de leur vie l'audace d'avoir voulu en faire passer à des familles laissées longtemps sans nouvelles des leurs.

Ainsi chacune des accusations dirigées par les Allemands contre les envahisseurs de la

---

1. PLENZ, p. 13.

Prusse-Orientale se retourne contre eux-mêmes, car ils ont trouvé le moyen de dépasser en pays ennemi toutes les infamies dont ils prétendaient avoir été victimes sur leur propre territoire. Dans la seule circonstance où ils eussent un grief soutenable à élever contre les Russes, l'ironie du sort les a condamnés à tomber au-dessous des « Barbares semi-asiatiques ».

VIII

LA FRANCE : LE PAYS ET LES HABITANTS.

Vis-à-vis de la France et de ses habitants, leur état d'esprit apparaît comme assez complexe. On peut y discerner sans doute le respect involontaire inspiré par sa résistance ; puis, chez les officiers, une arrière-pensée de la ménager, une certaine affectation à la juger plus digne de compassion que de haine, comme s'ils rêvaient toujours avec elle une réconciliation lointaine contre l'Angleterre. Mais dans la masse des combattants, le sentiment dominant à son égard semble être une invincible jalousie, conforme à leur nature et reconnaissable dans toutes leurs appréciations. Ils semblent chercher eux-mêmes à se défendre contre le prestige qu'elle exerce sur toute l'Europe civilisée, et qu'ils tentent de ruiner par des remarques désobligeantes et des attaques à coups d'épingle. Ils appliquent ce système de dénigrement en détail au pays, à la population et à l'armée.

Pour comprendre et mesurer l'exagération

de leurs critiques, il faut en rechercher les causes profondes ailleurs que dans l'entraînement des passions guerrières. Notre pays avait toujours passé aux yeux de leurs pères pour la terre classique du bien-être et de la prospérité. « Vivre comme Dieu en France », tel était le proverbe populaire qui, dans la vieille Allemagne, résumait l'idéal du bonheur matériel sur la terre. Il avait trouvé une confirmation inattendue dans les souvenirs que les combattants de 1870 rapportaient de leur séjour au milieu des grasses plaines de la Normandie, de la Beauce et de la Brie. Leurs enfants, appartenant à une autre génération, pénétrés des doctrines d'orgueil qui leur représentaient leur pays comme supérieur à tous les autres dans tous les domaines, se résignaient difficilement à l'idée de lui voir disputer par une nation voisine la primauté de la richesse et de la civilisation. L'invasion leur offrait un moyen de vérifier et peut-être de dissiper aux yeux de leurs compatriotes le vieux préjugé dont souffrait leur amour-propre national; ils ne devaient pas laisser échapper cette occasion d'une revanche morale.

Le hasard servit leur dessein en les conduisant d'abord dans les contrées les plus pauvres et les plus ingrates du territoire français : Argonne, Ardennes et Champagne pouilleuse. Les uns éprouvent à les voir une surprise qui ne semble pas entièrement jouée; les autres s'y réjouissent d'y trouver une ample matière à la malignité de leurs remarques.

Parmi les premiers, le témoignage de Marschner semble surtout à retenir comme l'un des plus sincères. La région des Ardennes, par laquelle il pénètre en France lui rappelle la lande de Lunebourg (*Lüneburger Heide*), située entre Hambourg et Brême, et réputée comme l'un des cantons de la Prusse les plus déshérités de la nature. Il se déclare également frappé de la saleté « médiévale » des villages où il est logé. Avize est à ses yeux la première jolie ville qu'il rencontre, et c'est seulement au Sud de Reims que le paysage lui paraît justifier cette appellation de « belle France » dont le sens lui avait jusqu'alors échappé. Il ne manque pas de visiter la ville que les obus allemands devaient si cruellement défigurer plus tard. La cathédrale l'enthousiasme par son « éclat supra-terrestre » et par son peuple de statues, dont l'harmonie variée produit sur l'âme la même impression qu'une « symphonie de Mozart ». Il accorde également un tribut mérité d'éloges à la statue de Jeanne d'Arc; mais dans l'ensemble, la « cité du couronnement » de l'héroïne lui paraît inférieure à sa réputation, car, si elle réalise assez exactement le type de la province française, il lui manque « le caractère de la grande ville, au sens allemand du mot », c'est-à dire qu'elle ne possède pas assez de maisons de plus de trois étages. La candeur de ce dernier aveu doit

faire pardonner à Marschner beaucoup de ses
sévérités [1].

Avec Ganghofer, au contraire, nous nous
trouvons en présence d'un homme de lettres
qui croit penser en esthète, qui juge en péda-
gogue et qui parle en apôtre chargé d'enlever
à ses lecteurs leurs dernières illusions sur l'ennemi héréditaire. Ne nous étonnons donc point
de la malveillance haineuse avec laquelle il
s'efforce de peindre ou plutôt de dénaturer tout
ce qu'il voit sur la terre de France. Voici quelles
noires réflexions lui inspire l'aspect des villages des environs de Sedan : « Un pareil spectacle de négligence, un manque de goût aussi
général, une telle inintelligence de l'intimité,
l'impression pénible de prosaïsme produite par
cette absence de jardins et cette abondance de
fumiers, tant de crasse et de désordre, voilà ce
qu'en dehors de la France du Nord je n'ai vu
encore dans aucun autre pays ayant quelque
prétention à la culture [2]. » Et tout le long de son
livre, ce sont des plaintes continuelles sur les
mêmes sujets, notamment sur les tas de fumiers
qui déshonorent les rues des villages et les
cours des maisons, ainsi que l'inconfortable exi-
guïté des appartements, conséquence forcée de
la proverbiale parcimonie nationale. Seuls, les
matelas français trouvent grâce à ses yeux et lui

---

1. Marschner, pp. 27, 47-48, 52, 54.
2. Ganghofer, p. 62. Cf. pp. 53, 145, 215.

laissent même un souvenir reconnaissant : « C'est un bonheur pour nous, ajoute-t-il, que l'armée de la France, qui est bonne, ne le soit pas autant que ses lits [1]. »

On trouve ici rassemblés les principaux traits d'un tableau que reproduiront, à quelques nuances près, la plupart des combattants allemands. Ils insistent sur l'aspect misérable de certains villages, se transmettent comme un mot d'ordre ce reproche de manque de goût qui paraît si singulier sous leur plume, s'efforcent de représenter la malpropreté comme une spécialité latine et relèvent avec un plaisir visible toutes les insuffisances matérielles qui représentent à leurs yeux autant de signes d'une incontestable infériorité de civilisation [2]. Les plus doctes ajoutent à ces remarques quelques jugements dédaigneux sur l'ignorance des derniers progrès de la science agricole que trahissent à leurs yeux les procédés surannés de culture en usage dans les champs ou les forêts [3]. Enfin un journaliste, qui se pique de tout considérer du point de vue militaire, découvre un dernier et bien singulier grief contre les habitations rurales françaises : elles sont si légèrement construites qu'un simple obus de campagne suffit à les faire écrouler comme un

1. GANGHOFER, p. 103.
2. THÜMMLER, XVII, p. 28 ; *Der deutsche Krieg in Feldposrbriefen*, IV, p. 204.
3. THÜMMLER, XIX, p. 11 ; BÜLOW, p. 136.

château de cartes ! Quelle différence avec les maisons des paysans allemands, dont la solidité défie l'artillerie et permet de les transformer si aisément en forteresses !

On ne pouvait s'attendre à voir les envahisseurs juger avec beaucoup d'indulgence la population d'un pays qui les avait si défavorablement impressionnés. En fait, la rapidité de leur course les a empêchés de la bien connaître au début et leurs premières appréciations semblent une réminiscence de leurs lectures plutôt qu'un résultat de leurs remarques personnelles. Qui pourrait reconnaître par exemple nos robustes populations du Nord dans cette caricature qu'en trace, avec toute l'autorité d'un *Hochbahntekniker* (technicien d'un chemin de fer suspendu !) un réserviste d'infanterie : « Les villages ont un air de tristesse, d'abandon et de saleté (toujours !) Les habitants leur ressemblent, ayant pour la plupart le corps rabougri et la figure maussade. Cela vient chez eux de l'usage de l'absinthe, boisson délétère et stupéfiante. Tout ce monde est vêtu de vieilles hardes et couvert de boue jusqu'aux oreilles. Le pays n'est mis en valeur que juste dans la mesure où le cultivateur le croit nécessaire pour ne pas mourir de faim en travaillant le moins possible [1]. » A lire les dernières lignes de cette page, on

---

1. WIESE, p 113.

les croirait détachées d'un récit de voyage parmi les peuplades de l'Asie centrale; ne seraient-elles pas plutôt empruntées aux élucubrations des pamphlétaires pangermanistes?

Hœcker, dont la délicatesse s'offusque de la moindre négligence de tenue, ne peut s'habituer à voir en France des taches de graisse sur les vêtements des cuisinières, ou des paysannes qui paraissent ignorer l'usage de la brosse à ongles et de la brosse à dents [1]. Son propre pays lui aurait probablement offert les mêmes sujets de scandales si son activité de romancier l'avait porté à étudier les milieux ruraux. Un de ses compatriotes trouve moyen de reprocher à la fois aux Françaises leur extrême négligence et leur extrême coquetterie. Le matin elles ne sont pas à toucher avec des pincettes, mais le soir elles paraissent, au contraire, après une minutieuse toilette, poudrées et maquillées [2]. Marschner, plus indulgent, veut bien reconnaître aux jeunes filles de Reims une « jolie figure, comme il s'en rencontre beaucoup dans leur pays »; mais il leur reproche immédiatement un « cachet demi-mondain » qui ne prévient pas en leur faveur [3]. Il semble vraiment difficile de satisfaire des appréciateurs aussi avertis de la beauté féminine.

1. Hœcker, pp. 74, 85, 202, 213.
2. *Der deutsche Krieg in Feldpostbriefen*, V, p. 306.
3. Marschner, p. 44.

IX

L'ARMÉE FRANÇAISE

Avec l'armée française, les combattants allemands ont pris un contact plus direct et surtout plus cuisant qu'avec la population civile.
Partagés entre l'orgueil de l'avoir fait reculer
et l'impression de la résistance qu'elle leur
oppose, entre le désir de lui paraître supérieurs et la crainte de se déprécier eux-mêmes
en la rabaissant avec trop de parti pris, ils
semblent d'abord hésiter à lui refuser ouvertement cette valeur guerrière qu'ils ont éprouvée à leurs dépens ; mais, selon leur habitude, ils
prennent leur revanche en l'attaquant par des
moyens détournés, de petites vilenies et des
calomnies anonymes.

La grande retraite qu'elle a dû exécuter au
début de la campagne et qui mériterait, bien
plus que celle d'après la Marne, le qualificatif
de « stratégique », leur fournit d'abord un prétexte facile de triomphe et de critiques. Les
soldats, volontiers simplistes, en concluent

aussitôt que l'infanterie française n'est bonne
que dans la défensive, bien qu'elle tire « misé-
rablement » ; qu'elle se montre parfois « terriblement lâche » (*furchtbar feig*) ; qu'elle a
une « peur colossale » des baïonnettes allemandes, dont le seul aspect suffit à la mettre
en fuite[1]. Si les auteurs de ces jugements sommaires étaient vraiment sincères, le subit et
définitif arrêt de leur marche triomphale vers
Paris a dû longtemps rester à leurs yeux une
indéchiffrable énigme.

Dans l'impossibilité de soutenir sérieusement cette accusation de poltronnerie adressée
aux Français, les officiers, plus éclairés, s'en
prennent à leur manière de combattre ; ils l'op-
posent à celle qu'eux-mêmes emploient, pour
prouver, au moyen d'un parallèle en règle et à
grand renfort d'arguments spécieux, qu'elle
exige moins de courage personnel et pèche
souvent par la loyauté. L'essentiel de cette
thèse est résumé dans le passage suivant du
livre du général de Moser : « Il n'est pas niable
que les Français l'emportent sur nous, guerriers allemands, par l'usage de ruses permises
ou illicites. Nous ne sommes pas assez méfiants. Dans les rencontres d'infanterie, nous
aspirons toujours à la lutte chevaleresque,
poitrine contre poitrine; et c'est à notre corps

---

1. *Der deutsche Krieg in Feldpostbriefen*, I, pp. 112, 117 ; Thümmler, I, p. 15 ; III, p. 20 ; VI, p. 10 ; XXIV, p. 23.

défendant que nous recourons à d'autres modes de combattre, notamment à la guerre de tranchées, avec emploi de mines et de grenades. Les Français, au contraire, et surtout leurs fantassins, goûtent aussi peu que possible la lutte d'homme à homme ; ce qu'ils aiment, c'est tirer par les fentes des fenêtres et les soupiraux des caves, du haut des arbres ou des positions dominantes ; c'est opérer des surprises, avec la complicité des habitants ou l'emploi, soit de commandements allemands, soit d'insignes de la Croix-Rouge ; c'est s'étendre à terre en faisant les morts pour canarder ensuite les assaillants par derrière. Et toujours le Français a l'arrière-pensée, dès qu'il voit sa vie en danger, de se rendre à temps c'est-à-dire avant d'être blessé[1]. »

Dans cette page l'auteur a résumé et présenté sous la forme extérieure d'un exposé objectif les insinuations plus ou moins venimeuses que ses subordonnés reproduisent dans leurs lettres. On retrouve dans presque toutes les mêmes histoires de Français tirant sur la Croix de Genève, sur des blessés inanimés, sur les médecins mêmes qui s'approchent pour les soigner[2]. Pour dégager la moralité de ces accusations, il suffira de noter que, dans le recueil même où la plupart ont été re-

1. Von Moser, pp. 36-37.
2. Wiese, pp. 100, 170 ; Thümmler, II, p. 32 ; VIII, p. 9 ; IX, p. 14.

cueillies, un soldat allemand blessé au bras
et emmené dans une tranchée française se
vante d'avoir abattu son gardien d'un coup de
revolver aussitôt qu'il a vu les siens reprendre
l'avantage [1].

On peut faire une remarque analogue au
sujet de l'absurde fable à laquelle le général
de Moser n'a pas dédaigné de donner l'hospitalité et qui représente le troupier français
comme toujours muni en campagne de vêtements civils, à l'aide desquels il se transforme
en temps opportun en franc-tireur ou en paisible paysan ; Kutscher ajoute même que ce
déguisement comprend jusqu'à un chapeau de
paille, mais néglige d'expliquer comment un
objet aussi fragile pourrait prendre place dans
un paquetage [2]. Or, dans une publication de
lettres du front, on nous raconte tout au long
sous ce titre expressif : *Les Six braves de Lick*,
l'odyssée de quelques soldats allemands oubliés dans cette petite ville de Pologne lors
de l'occupation russe, et qui se déguisent en
ouvriers pour s'en évader, à la barbe des
envahisseurs [3]. Explique qui pourra comment
l'emploi de la même ruse de guerre devient
indifféremment une preuve de courage ou
un trait de lâcheté, suivant qu'on peut l'ins-

1. THÜMMLER, X, p. 12.
2. KUTSCHER, p. 77 ; Cf. *Unser Vormarsch bis zur Marne*, pp. 37,
51 et THÜMMLER, VI, p. 11.
3. THÜMMLER, XVIII, p. 26.

crire à l'actif de l'un ou l'autre des belligérants !

Une critique plus justifiée peut-être s'attache aux uniformes un peu surannés, et en tous cas trop éclatants, qui, au début de la campagne, faisaient de nos soldats autant de cibles vivantes pour leurs adversaires : « Tout ce que l'on raconte, écrit l'un de ceux-ci, de l'équipement défectueux des Français, est complètement vrai. Comment, à l'époque actuelle, un peuple peut-il consentir à se laisser conduire au feu avec des pantalons rouges ou noirs et des capotes d'un bleu vif ? Par contre, un zouave a raconté n'avoir pu de toute une journée tirer un coup de fusil sur nos hommes, parce que leur costume les rendait invisibles à ses yeux, sauf tout au plus pendant la charge [1] ».

L'unanimité des officiers français à confirmer ces témoignages et l'empressement de l'Administration de la guerre à changer les tenues tendraient à prouver que parfois d'utiles avertissements peuvent sortir de la bouche d'un ennemi. Pourquoi faut-il que, dans cette question comme dans beaucoup d'autres, les Allemands, s'ils tombent par hasard sur une idée juste, la compromettent aussitôt par leur exagération à vouloir en forcer le sens ? Il ne leur suffit pas que les uniformes français ne répondent plus aux exigences pratique de

---

1. WIESE, p. 96.

la guerre moderne, ils leur attribuent toutes les infériorités, presque tous les ridicules. Un journaliste saxon, qui va visiter le camp des prisonniers de Kœnigsbrück, trouve leur habillement « hivernal » (sans doute à cause du port de la capote) et pourtant « misérable », La culotte des fantassins lui paraît trop large, le manteau trop ajusté, la petite veste trop étriquée, la coiffure trop semblable au képi de 1870. Il découvre une affectation de pittoresque jusque dans le sévère costume des soldats du génie, qui ont de plus à ses yeux l'irrévérence de porter au pantalon la double bande rouge réservée en Allemagne aux officiers généraux. L'ensemble lui donne une impression de « théâtral » et même de « grotesque » que traduit cette exclamation : « On a peine à appeler uniformes ce qu'ils portent [1]! ». On se demande quelles épithètes il aurait appliquées aux dolmans d'un rouge écrevisse, aux casaques d'un blanc de neige et aux tuniques d'un bleu tendre que les hussards, cuirassiers et dragons prussiens promenaient, encore à la veille de la guerre, sur les trottoirs de toutes les villes de garnison.

S'il est toujours un peu puéril de vouloir juger une armée d'après ses uniformes, c'est un procédé de polémique encore moins légitime que d'invoquer pour déprécier la valeur

1. Thümmler, IV, pp. 12-13-14.

guerrière de ses soldats, les faiblesses que
l'on peut surprendre chez ses blessés et ses
prisonniers. Le respect dû à la douleur prévient d'ailleurs toute critique à l'égard des
premiers. Ce scrupule n'a pas arrêté Ganghofer qui raconte comment, passant près d'une
ambulance, il avait entendu en sortir des exclamations plaintives et presque enfantines :
« Oh la la ! Oh la la ! ». Ce sont les cris de
souffrance arrachés à un blessé français par
un pansement difficile. Loin d'en être ému,
l'auteur ne songe qu'à les tourner en ridicule,
en les comparant aux mélopées qu'il a entendu
chanter autrefois par « des jeunes filles achan-
ties » au champ de foire de Munich; et il saisit
aussitôt l'occasion pour opposer à cette attitude
le stoïcisme dont ses compatriotes feraient
preuve devant le bistouri [1]. Il convient de
relever cette insinuation, démentie d'ailleurs,
comme on le verra, par les déclarations for-
melles des médecins allemands, pour faire res-
sortir la bassesse d'âme dont elle témoigne
et la délicatesse de goût avec laquelle elle est
exprimée. Il faut reconnaître d'ailleurs qu'elle
représente un cas heureusement isolé dans
cette littérature de guerre et que les détrac-
teurs les plus passionnés de l'armée française
n'ont pas songé à s'en prendre à ses blessés.

1. GANGHOFER, p. 100.

Reste donc, comme dernier argument à leur disposition, la description des convois de prisonniers. Des hommes harassés par le combat, déprimés par la fatigue ou la faim, démoralisés peut-être par la captivité, ne sont plus guère que des demi-soldats. Il a suffit de forcer un peu la note pour les représenter comme un troupeau pitoyable, de les faire parler pour tirer d'eux des aveux faciles à accommoder au goût du lecteur allemand, et de généraliser leur cas pour peindre sous les couleurs les moins flatteuses l'état physique et moral de toute l'armée française.

On ne sera donc pas surpris de la place qu'ils occupent dans les souvenirs de guerre allemands. L'intrépide Tovote, qui voit arriver les premiers à Ingolstadt, se donne le plaisir d'examiner « messieurs les ennemis » sans danger pour sa précieuse personne. « Parmi eux, dit-il, quelques-uns seulement, solides et robustes, représentent des types véritablement militaires; mais la masse n'a absolument rien d'imposant. Ils ont plutôt l'air de figurants d'un théâtre de province, dont l'uniforme tient mal au corps. Pour nous, nous sommes tout battant neuf des pieds à la tête, les soldats qui m'accompagnent étincellent de propreté ; nos chevaux même ont des harnachements frais et comme passés à l'œuf... et nous nous trouvons en face de ce petit groupe de Français empoussiérés. Quel contraste ! » On devine aisément quelle

conclusion en tirerait l'auteur, si elle ne paraissait trop aventurée [1].

Les mêmes intentions se retrouvent dans le
récit laissé par Ganghofer d'un défilé de soldats
français pris en Champagne : « La plupart, profondément épuisés, se traînent avec peine sous
le poids de la boue humide collée à leur corps ;
ils paraissent pâles et égarés, ont les joues
creuses et les yeux enfoncés, pleins de tristesse. Ils vont bras dessus bras dessous, les
plus vaillants soutenant les plus faibles. Sur
un millier, une centaine à peine sont de ces
gars bien plantés dont nous autres Allemands
aimons à dire : Voilà de beaux exemplaires
humains. Les autres sont par tempérament
petits, délicats ou malingres ; beaucoup n'atteignent pas notre taille militaire réglementaire [2]. »
Ailleurs, un aviateur leur reproche de paraître « insuffisamment nourris ». Gros grief
dans sa bouche, mais qu'il ne supposait pas
devoir se retourner un jour contre ses compatriotes [3].

Un dernier trait enfin peut servir à mesurer
quelle dose de sérieux contiennent et quelles
illusions réservent aux questionneurs les interviews arrachées aux prisonniers. Un sous-officier, interrogé sur les vrais sentiments de son
pays, n'aurait fait nulle difficulté de répondre

1. Tovotte, p. 75. Cf. p. 69.
2. Ganghofer, p. 69. Cf. Thümmler II, p. 31 et XXIII, p. 12.
3. Thümmler, II, p. 30.

que « quelques jours avant la mobilisation, de grandes manifestations contre la guerre auraient eu lieu à Paris sous la forme de cortège et de réunions publiques en plein boulevard [1] ». C'est là un de ces intermèdes comiques qui viennent heureusement relever la tristesse de ce sujet pour un lecteur français ; dans l'ensemble et en raison de leur caractère tendancieux, toutes ces remarques extérieures et superficielles présentent plus d'intérêt pour la psychologie de ceux qui les formulent que pour la valeur réelle de ceux qui en sont l'objet.

1. THÜMMLER. IV, p. 15.

X

L'ARMÉE ANGLAISE

Lorsqu'ils parlent des Anglais, les témoins allemands de la guerre se plairaient visiblement à pouvoir s'en tenir à cette attitude de dédaigneuse indifférence qui leur a paru de mise vis-à-vis de leurs voisins de l'Ouest, et qu'a symbolisée la phrase célèbre de leur Empereur sur la « méprisable petite armée » du général French. L'épreuve était au-dessus de leurs forces et l'impassibilité de commande qu'ils affectaient au début envers leurs frères de race n'a pas tardé à céder à l'explosion d'un sentiment trop développé en eux pour ne pas se satisfaire à tout prix : c'est une haine aveugle, tenace, portée à un degré de violence où elle devient de la rage, exprimée sans relâche et sans ménagements, depuis les plus bas degrés jusqu'aux plus hauts sommets de l'échelle sociale. Sven Hedin prétend que la moindre menace à leurs intérêts matériels change le phlegme de commande des Anglais en une

« incommensurable hystérie » [1]. Cette dernière expression semble seule suffisante pour caractériser les sentiments qu'ils inspirent à leurs adversaires.

L'animosité furibonde dont ils sont l'objet ressort des épithètes, tour à tour et ironiques et brutales, communément usitées pour les désigner : « nos chers cousins », « nos parents distingués », « les mercenaires britanniques » ou encore « ces canailles sans foi ni loi [2] » ; on pourrait allonger cette liste jusqu'aux proportions d'une véritable anthologie d'injures. La même exaspération se trahit chez l'Empereur lui-même, si maître de ses gestes qu'il prétende le rester, par une légère altération de la voix toutes les fois qu'en sa présence la conversation vient à tomber sur « les cousins germains d'au delà du canal [3] ». Elle se manifeste dans les lettres ou souvenirs du front par des apostrophes continuelles et des tirades laborieuses et bien senties contre la perfide Albion. Ganghofer accouple à ce nom abhorré celui d'Hérode, ce qui est une manière détournée de comparer l'Allemagne à Jésus-Christ [4]. Peu accessible, comme on a eu l'occasion de le constater, à la compassion envers les ennemis,

1. SVEN HEDIN, p. 364.
2. THÜMMLER, XVIII, p. 23 et XXVI, pp. 14, 18 ; KRACK, p. 126 ; *Der Deutsche Krieg in Feldpostbriefen*, V, p. 263.
3. GANGHOFER, p. 87.
4. GANGHOFER, p. 74.

il simule un attendrissement inattendu en présence du cadavre abandonné d'un jeune soldat français, pour avoir le droit de s'écrier : « Dormeur silencieux, qui étais-tu ? Quel était ton nom ? Qui te pleure maintenant ? Quel bonheur t'a été ravi parce que c'était l'avantage de l'Angleterre ? Nous autres Allemands, nous t'aurions laissé ta vie, ton nom et ton bonheur ; mais l'Angleterre veut développer ses affaires et augmenter le chiffre de ses dividendes. C'est à elle que tu as été sacrifié [1] ! »

Sven Hedin, qui reflète les préventions des États-majors, dénonce l'emploi de troupes indiennes en Europe comme « un attentat à la *kultur*, à la civilisation et à la chrétienté [2] ». Gottberg à son tour interrompt un récit animé de sa campagne de Belgique pour démontrer, par une docte dissertation en deux points, que les Anglais, dont ses compatriotes acceptent trop à la légère la réputation de *gentlemens*, ne sont pas plus estimables comme individus que comme nation : « Un peuple habitué, dans le présent comme dans le passé, à user de sa force pour exercer la piraterie, dérober la propriété privée (!), contraindre la guerre des neutres désintéressés, ne peut compter dans son sein des hommes accessibles au sentiment de l'hon-

---

1. GANGHOFER, p. 126.
2. SVEN HEDIN, p. 479.

neur et des convenances. Non, aucun Anglais n'est loyal (*fair*), ils ont tous une mentalité de brocanteur[1] ». « *Fair Play*, jeu loyal, renchérit encore Serman. Avec cette devise, qu'ils ont fait sonner pendant des années, les Anglais ont mis dedans le monde entier jusqu'au jour où la guerre est venue leur arracher leur masque et montrer ce que recouvraient ces deux mots : coquinerie et fourberie de la plus basse espèce[2]. »

Pour justifier sans doute ces jugements sommaires, l'on réédite contre les Anglais les accusations qui n'ont été épargnées à aucun des alliés. Arborer le drapeau blanc pour démasquer ensuite des mitrailleuses cachées, lever en l'air, en signe de reddition, des mains qui cachent des grenades lancées ensuite sur l'assaillant, revêtir enfin l'uniforme de l'adversaire pour mieux le tromper, telles sont les ruses illicites qu'ils emploieraient couramment dans le combat et dont ils auraient transporté l'usage jusque sur les bords du canal de Suez[3]! Pour s'indigner au moins de la dernière, il faudrait n'avoir pas lu dans un recueil de lettres du front allemand et sous le titre de : « Un heureux stratagème », le récit d'un cycliste envoyé en reconnaissance et qui se vante d'avoir pré-

1. GOTTBERG, p. 91.
2. SERMAN, *Mit den Türken an der Fron*. Berlin, Scherl, 1915. p. 70.
3. WIESE, pp. 20, 142, 217 ; SERMAN, p. 71.

paré le passage de sa division sur un pont
important, en se faissant passer pour Anglais
aux yeux des territoriaux français chargés de
le détruire [1]. Il semble donc difficile de prendre
bien au sérieux des imputations qui pourraient
se retourner contre leurs auteurs et des histoires qui nous ont déjà été racontées à propos
des Français, des Belges ou des Russes.

Pour comprendre la persistance de cette irritation contre l'Angleterre, il faut se rappeler
que le dépit y a peut-être autant de part que
l'inimitié et en suivre les principales manifestations au cours de la campagne. Au début, les
envahisseurs de la Belgique paraissent, ou
avoir ignoré la déclaration de guerre de la
Grande-Bretagne, ou ne pas en avoir prévu un
instant les conséquences possibles. Hœcker
nous fait part de sa stupéfaction lorsqu'il aperçoit en gare de Tirlemont un premier convoi
de Belges et de *tommies* prisonniers : « Jusqu'alors, déclare-t-il et devait-il répéter en
propres termes, nous n'avions pas le moindre
soupçon que les gens en kaki eussent réellement débarqué sur le continent. » Et cet aveu
porte la date du 22 août [2]! Malgré leur optimisme, les soldats allemands éprouvent à cette
découverte la déception d'un joueur heureux,
sûr du succès, auquel l'intervention hostile

1. *Der deutsche Krieg in Feldpostbriefen* V, pp. 117-118.
2. HŒCKER, pp. 45 et 55.

d'un ami supposé enlève à l'improviste sa meilleure carte.

Aussi, quelles rancunes s'amassent dans leurs cœurs! D'après Kutscher, qui fait partie des troupes d'avant-garde, la vue des premiers cadavres anglais épars sur le sol (27 août) provoque parmi ses hommes un accès de « terrible indignation »; le lendemain, quand son régiment croise une colonne de prisonniers, des poings menaçants se dressent dans leur direction, tandis que des exclamations furieuses s'échappent des rangs : « Vous vous battez contre votre propre race [1]! » Quelques jours plus tard, un lieutenant d'artillerie autrichien dont la batterie a pris part au bombardement de Maubeuge (détail à ne pas oublier!) décrit la sortie de la garnison et ajoute : « Lors du défilé des Anglais, nous nous mîmes tous à crier de rage; car comment ne pas éprouver une haine profonde pour ces infâmes traîtres au germanisme et à la race blanche [2]! »

Un mois après, l'occasion semble se présenter de tirer de leur « trahison » une vengeance éclatante, en les prenant au piège dans Anvers assiégée; ils réussissent à s'échapper et ajoutent ainsi une cuisante déconvenue à l'amertume allemande [3]. L'occupation d'Ostende, qui suit de près la chute de la place, fournit contre eux

1. KUTSCHER, p. 63.
2. KRACK, p. 61.
3. *Der deutsche Krieg in Feldpostbriefen*, I, p. 254.

un nouveau grief, bien caractéristique de l'hypo-
crisie germanique. Entrés dans cette ville sans
combat, les officiers de l'armée d'invasion se
répandent dans les grands hôtels de la plage,
pour y fêter en toute tranquillité la perspective
d'une agréable et paisible villégiature. Le tir
bien ajusté des croiseurs britanniques vient
malheureusement interrompre leurs libations
et les contraindre à une retraite précipitée. Ils
paraissent en éprouver autant d'indignation
que de regret. Bombarder une ville ouverte,
quel scandale ! Il faut être Anglais pour se permettre un pareil attentat aux règles les plus
sacrées du droit des gens [1]. Personne ne songe
à la violation de la neutralité belge. Cette inconscience rappelle celle d'un officier de marine faisant un grief au navire anglais *Pegasus*
d'avoir lancé quelques bombes sur certaines
localités de l'Afrique Orientale allemande, qui
n'étaient pas fortifiées et ne pouvaient se défendre. On serait curieux de lui demander si
Bône et Philippeville l'étaient davantage quand
elles reçurent les obus du *Gœben* et du *Breslau*.

En attendant de pouvoir châtier les auteurs de ces crimes, il ne reste aux Allemands
d'autre ressource que de les maudire : et personne ne s'en fait faute. « Aucun d'eux ne
serait plus en vie, écrit un marin, si les malé-

1. Gottberg, pp. 107-108.
2. Selow-Serman, *Blockade-Brecher*, p. 48.

dictions et 'les anathèmes suffisaient pour tuer[1]. » Un autre promet aimablement à ses parents de leur rapporter de Londres « un Anglais apprivoisé[2] ». « Aussi longtemps, déclare avec fierté un troisième, qu'un peuple soutiendra la lutte contre ce gouvernement d'ignominie, on me comptera dans ses rangs ; mais ce sera, je l'espère, l'Allemagne qui lui imposera la paix[3]. » D'autres enfin attribuent à ces adversaires détestés toutes les surprises désagréables de la campagne. Lors de la bataille de la Marne, un soldat explique la résistance inopinée rencontrée devant Paris par la puissance des canons de marine *anglais* qui ont été placés dans les forts au début de la guerre. La même supposition est hasardée pour Verdun par un combattant de l'armée de l'Argonne, qui décore même le commandant du camp retranché du titre de *commodore*[4].

Tous soupirent après le moment où les « perfides cousins » recevront enfin, dans leur île même, le châtiment qu'ils méritent. On lit dans les lettres du front des phrases comme celles-ci : « Bientôt, nous l'espérons, nous allons marcher sur Londres. Ce sera un véritable régal pour nous autres Bavarois[5]. » Le sévère Kutscher

1. Thümmler, XXIV, p. 14.
2. Krack, p. 199.
3. Thümmler, XIII, p. 20.
4. *Der deutsche Krieg in Feldpostbriefen*, I, p. 290; *Ibid*, V, pp. 149-159, 320-321 ; Kutscher, p. 198.
5. Wiese, p. 42.

lui-même oublie un instant ses habitudes d'impassibilité pour formuler le même souhait en termes non moins véhéments. Oh ! passer la Manche, et saisir enfin à la gorge ce peuple de boutiquiers qui, depuis des siècles, n'a pas vu la fumée d'un camp ennemi, quelle perspective [1] ! Ce rêve s'évanouit bientôt dans la fatigante monotonie de la guerre de tranchées et il ne reste à ceux qui l'avaient un instant caressé que la stérile satisfaction de répéter sans trêve le fastidieux *Gott Strafe England* ! Dieu punisse l'Angleterre. « Ces trois mots, remarque un sous-officier de landwehr (mars 1915) se voient écrits ou peints à l'heure actuelle sur les écriteaux suspendus presque à chaque porte où veillent les guerriers allemands, dans le Nord de la France [2]. » En Allemagne même, cette manie graphique sévit dans des proportions plus « colossales » encore : un officier évacué vers l'intérieur dans un train de blessés, s'aperçoit qu'il a passé l'ancienne frontière parce qu'il voit au petit jour l'inscription fatidique se détachant, en lettres blanches de 2 mètres de haut, sur la masse noire du gazomètre de Thionville [3].

A défaut des soldats, les marins ont cru au moins pouvoir atteindre le repaire où l'adver-

---

1. Kutscher, pp. 149-225.
2. *Un Mese di guerra*, fascicule de mars 1915, p. 53. Cf. Reinhardt, p. 59 et Kutscher, p. 215.
3. Reinhardt, p. 85.

saire se croit invulnérable. Aussi comme ils savourent cette passagère félicité ! Lors du bombardement de Yarmouth (3 novembre 1914), l'ouverture du feu contre une ville sans défense est saluée par une bruyante explosion d'enthousiasme. Du fond de la chambre aux machines, les chauffeurs eux-mêmes poussent de sonores hourrahs et éclatent de rire à chaque détonation nouvelle. — Les mêmes scènes se renouvellent le 16 décembre suivant, à bord des navires dont les canons font quelques victimes inoffensives à Scarborough et à Hartlepool. Le cœur des marins déborde de joie à l'idée des « énormes dégâts » et du « puissant effet moral » qu'a dû produire l'apparition de leurs vaisseaux sur la côte britannique. La sévère leçon infligée aux bombardeurs par l'amiral Jellicoe devait mettre pour toujours un terme à des transports d'allégresse, qui servent au moins à éclairer une des faces de la mentalité germanique[1].

Ces manifestations de rage antianglaise deviennent bientôt de plus en plus rares à mesure qu'elles se révèlent comme plus impuissantes. Bientôt elles n'apparaissent plus que sous la plume des journalistes et sous la forme de tentatives de dénigrement obliques et isolées. Les correspondants de guerre en quête de copie, cherchent parfois encore à entretenir les illusions de leur public en dépeignant l'armée an-

---

1. Thümmler, XIX, pp. 24-25 et XXII, pp. 4-6.

glaise d'après ses prisonniers; ils dénoncent, tantôt leur insupportable arrogance, tantôt leur état de dépression mentale et cherchent par d'adroits interviews à leur arracher cet aveu que l'appât de la solde les a seul attirés sous les drapeaux. Ils obtiennent le plus souvent des réponses tout opposées, mais en sont quittes pour les représenter comme dictées par l'amour-propre et dépourvues de sincérité. L'on sait, de reste, que le droit de prendre les armes pour défendre son pays est et doit rester le monopole de l'Allemand [1].

Les différents traits que nous venons de voir si fortement marqués dans les ouvrages que nous avons examinés s'accordent pour composer un tableau d'ensemble de la guerre actuelle, telle que leurs auteurs voudraient nous la représenter. Une nation pacifique, appelée subitement à la défense de ses biens les plus sacrés par une inavouable coalition de jalousies et d'appétits; un peuple opposant à l'agression dont il est victime un irrésistible élan d'enthousiasme patriotique, une inébranlable confiance dans la justice de sa cause comme dans la valeur de ses soldats; une armée modèle, unissant à la perfection de l'organisation matérielle le plus haut degré de discipline morale et constituant

1. Quéri, pp. 112-115, 140-141, 187, 189, 206, 207; Rosner, *Der graue Ritter*, pp. 66-71.

l'instrument de guerre le plus parfait qui ait encore paru sur les champs de bataille ; en face d'elle, des adversaires désunis, manquant de confiance en eux-mêmes, réduits à suppléer à leur infériorité militaire par l'emploi de ruses déloyales, battus aux premières rencontres, incapables de prolonger longtemps une lutte à laquelle ils sont mal préparés : voilà l'impression que ces témoignages étaient destinés à produire et qui se dégage d'une première lecture. Doit-elle rester l'impression définitive ? Et la majestueuse façade qu'on nous présente ne recouvre-t-elle pas, sous sa belle ordonnance, des fissures, des vices de construction et même des symptômes d'affaissement ? C'est aux intéressés eux-mêmes que nous allons le demander.

LIVRE III

LES RÉALITÉS ET LES AVEUX

Il n'est pas nécessaire de poursuivre bien longtemps ni de pousser bien loin cette enquête pour en voir se dégager des indications qui semblent d'abord en contredire les premiers résultats, mais qui les complètent en réalité. Quelque tenaces que soient les illusions nationales, elles ne peuvent toujours résister à l'enseignement des faits, comme à la force de la vérité. A mesure que la guerre se prolonge pour les combattants allemands, l'on voit peu à peu leurs aveux démentir leurs prétentions, leur expérience du jour corriger leurs impressions de la veille et leur optimisme initial faire place à une appréciation plus raisonnée des événements. Il s'accomplit dans leur esprit un sourd travail de réflexion par lequel se modifie insensiblement l'idée qu'ils se faisaient ou voulaient nous donner, soit de leurs adversaires, soit d'eux-mêmes. Il reste à examiner comment, sur chacun des points qu'ils avaient cherché à établir, il est possible de tirer de leurs témoignages une version tout opposée à celle qu'ils avaient intérêt à répandre.

I

LA RÉSISTANCE BELGE ET RUSSE

Leurs adversaires tout d'abord n'ont pas tardé à leur inspirer des sentiments très différents du mépris dont ils croyaient d'abord pouvoir les envelopper. Tel est par exemple le cas de l'armée belge, si décriée et si calomniée au début par ceux d'entre eux qui ne voyaient que sa retraite sans considérer son infériorité numérique. En réalité, les plus clairvoyants ne devaient pas attendre l'épreuve de l'Yser pour juger à leur valeur ses qualités guerrières. Si la chute rapide d'Anvers leur parut une surprise, c'est qu'ils se rappelaient avec quelle ténacité les abords de la place leur avaient été disputés. Un mitrailleur racontant les combats livrés les 12, 13 et 14 septembre sous Termonde et Malines, en terminait le récit par cette conclusion : « L'ennemi mérite toute notre considération, car il s'est bravement défendu et nous a fait payer cher chaque kilomètre de terrain gagné ; mais il était vraiment dans l'impossibilité d'arrêter notre avance ». Un autre s'écrie plus prosaïquement : « Les b... ont du courage ! » Lors de la prise des premiers forts, un troisième ne peut expliquer l'acharnement de la défense que par le secours d'officiers anglais qui encadrent leurs alliés et les forcent à « tenir » sous la menace de leurs revolvers » [1]. Cette fable ridicule représente, par son invraisemblance même, le plus bel hommage rendu à la valeur belge.

Ce n'est pas seulement par sa tenue sur les champs de bataille, mais encore par son organisation matérielle que l'armée du roi Albert s'impose à l'estime des envahisseurs ; c'est là un mérite auquel leurs prétentions mêmes les rendent particulièrement sensibles. Lorsque Reinhardt arrive à Namur, la caserne des lanciers, où il se trouve logé, lui paraît un véritable modèle de confort et d'installation. Les magasins de vivres et d'équipements qu'il y trouve sont entretenus dans le meilleur état et si abondamment fournis, qu'ils reçoivent la visite de soldats de la nouvelle garnison, venus pour en emporter des « souvenirs ». Reinhardt lui-même avoue y avoir emprunté un porte-épée d'officier belge en remplacement du sien qu'il avait perdu [2]. Pour un Allemand, quelle manière plus expressive de témoigner son admiration !

---

1. *Der deutsche Krieg in Feldpostbriefen*, V, pp. 189, 206, 236.
2. REINHARDT, pp. 9, 10.

La même évolution d'esprit s'accomplit sur
le front oriental. Le souvenir d'antiques préjugés et le spectacle de quelques défaillances
isolées y faisaient au début considérer l'armée
russe comme un géant imposant par sa masse,
mais sans âme ni organisation, comme une
immense poussière d'hommes destinée à se
disperser au souffle de la guerre. Une sérieuse atteinte est portée à cette légende par le
témoignage des civils allemands qui habitaient
la Russie et qui en reviennent après avoir
assisté aux premières scènes de la mobilisation. Ils ont été frappés de l'air résolu et de
l'excellent équipement des troupes qu'ils ont
vues dirigées vers le front. « Déprécier notre
adversaire, écrit l'un d'eux, serait tout ce qu'il
y a de plus dangereux dans les circonstances
actuelles. Nous devons savoir que nous aurons
dans l'Est une rude partie à jouer contre un
ennemi habile jusqu'à la virtuosité à détruire
ce qui lui tombe sous la main (!) et qui semble,
d'après la conduite de ses supérieurs, étranger
à tout sentiment chevaleresque [1]. » Et plus
loin l'auteur de ces lignes met en garde ses
compatriotes, par une comparaison pittoresque
et peut-être prophétique, contre toute illusion
fondée sur la promptitude des Russes au découragement : « Leur âme est une balle de
caoutchouc qui reçoit les renfoncements sans

1. Thümmler, II, p. 10. Cf. Anthes, p. 21.

en conserver la marque, et qui revient d'elle-
même à sa rondeur primitive [1]. »

L'armée allemande devait vérifier la justesse
de ces avertissements, dès que se fut dissipée
dans ses rangs la passagère ivresse provoquée
par la victoire de Tannenberg et l'évacuation
de la Prusse Orientale. Dès le mois d'octobre
1914, un officier écrit à sa femme, le soir d'une
bataille : « Nous avons encore de chaudes journées en perspective, car le Russe n'est pas de
ceux dont nous puissions avoir raison aussi
facilement que nous le supposions au début [2]. »
Beaucoup de ses camarades en viennent à faire
la même constatation.

Ils reconnaissent communément à l'adversaire trois mérites principaux. — Tout d'abord
une véritable virtuosité dans l'art du terrassier
et une habileté consommée dans l'utilisation
du terrain. Dès qu'une troupe d'infanterie s'éta-
blit sur une position, elle y creuse des tranchées avec une rapidité tellement vertigineuse
qu'elle s'y enfonce à vue d'œil et y disparaît
en quelques instants [3]. — D'autre part, certains
corps d'élite méritent tous les éloges par
leur belle tenue, leur ardeur combative et
leur force de résistance : tels par exemple les
Sibériens, dont les formes athlétiques, les vi-

1. Thümmler, II, p. 11.
2. Wiese, p. 123, Cf. *Was ich in mehr als 80, Schlachten
erlebte*, p. 99.
3. Thümmler, XXII, p. 15.

sages barbus et bronzés, les abondantes four-
rures produisent une impression profonde sur
les soldats allemands [1]. — Parmi ceux-ci enfin, il
n'y a qu'une voix pour rendre hommage à
l'excellence de l'artillerie de campagne adverse,
à la précision de son tir et même, au moins au
début, à la richesse de son approvisionnement
en projectiles. Ses canonniers, aussi braves
que bien entraînés, défendent leurs pièces jusqu'à la dernière extrémité, quand ils n'ont pu
les empêcher par leur feu d'être abordées
par une troupe d'assaut [2]. Ajoutant à la pré-
dominance du nombre de pareils éléments de
supériorité, l'armée russe est loin d'être une
force négligeable.

Il resterait à son passif le souvenir de son
invasion en Prusse Orientale ou en Galicie.
Les Allemands n'ont pas manqué d'insister
avec une inépuisable complaisance sur les
excès qu'elle y aurait commis. Il semble qu'il
y ait beaucoup à rabattre de la légende qu'ils
ont voulu créer à ce sujet, lorsqu'on a lu avec
attention les récits sur lesquels elle se fonde.
Il est à remarquer d'abord que les témoignages
invoqués pour la répandre établissent une dis-
tinction bien nette entre la conduite des Cosaques et celle des soldats réguliers ; si les pre-

2. THÜMMLER, XXV, p. 32 ; *Was ich in mehr als 80, Schlachten
erlebte*, pp. 73 et 80.

3: THÜMMLER, X, p. 9, et XXIV, p. 9 ; *Was ich in mehr als 80,
Schlachten erlebte*, pp. 11, 12 et 86.

miers ont donné lieu à des plaintes, les seconds
se sont comportés « convenablement » et même,
dans certains corps, d'une manière « réellement
cultivée ». C'est là une circonstance atténuante qu'il serait impossible d'invoquer en
faveur des envahisseurs de la Belgique. Une
autre différence avec ceux-ci, c'est qu'en Pologne les officiers se sont efforcés de réprimer
les excès de la soldatesque au lieu d'en prendre
leur part. Le docteur Menczl, adjoint au maire
de Czernowicz, nous cite à ce sujet une curieuse
anecdote. Au moment de l'occupation il apprend
que le bourg de Zadagora, petite localité juive
des environs, commence a être pillé par une
bande de cosaques. Il s'y rend avec sa femme,
qui lui sert d'interprète, rencontre en route le
colonel du régiment, lui expose ses doléances
et obtient aussitôt l'envoi sur les lieux d'une
patrouille qui remet tout en ordre. Menczl remarque à ce propos que les grands chefs russes
« se donnaient de la peine » pour agir en
hommes civilisés, mais qu'ils n'étaient pas toujours maîtres des hordes indisciplinées placées
sous leurs ordres [1].

Même avec cette dernière restriction, il ne
semble pas que la visite des Russes ait laissé
partout de si terribles souvenirs; parfois même,
les habitants s'en sont tirés à fort bon compte,

1. MENCZL, pp. 28, 30, 63 seq.

comme le montre un récit fort impressionnant dans sa simplicité naïve, où l'on peut trouver résumées en un cas concret les remarques générales précédemment exprimées. C'est la relation vivante et détaillée qu'une femme de chambre de Gumbinnen, laissée toute seule à la garde d'une villa appartenant à un major prussien, nous a laissée de ses tribulations, ou plutôt de ses inquiétudes, pendant les trois semaines de l'occupation.

Après avoir recueilli d'abord chez elle une paysanne des environs, victime d'un accident de voiture pendant sa fuite devant l'invasion, elle s'adresse pour la soigner au premier officier russe qu'elle rencontre dans la rue. Celui-ci répond à ses questions et la rassure en allemand, puis se met aussitôt en quête d'un médecin militaire qui accourt auprès de la malade, lui prodigue ses soins, lui apporte même à manger et, après quelques jours, la renvoie guérie dans son village, après l'avoir aidée à retrouver ses enfants égarés dans la confusion de sa fuite. « Il y a de nobles âmes parmi les ennemis », ne peut s'empêcher de s'écrier à ce propos l'héroïne de ce récit.

Les jours suivants allaient lui offrir encore mainte occasion d'éprouver la justesse de cette réflexion. Elle avait fermé toutes les chambres de la maison dont elle avait la garde, afin d'en interdire l'accès aux soldats russes qui auraient eu la prétention assez naturelle d'y chercher un logement. Comme l'un d'eux insistait pour y pénétrer et prenait une attitude menaçante, un officier passant dans la rue saute à bas de son auto, tire sur le brutal sans autre formalité et écrit sur la porte que l'immeuble doit être respecté, comme appartenant à un officier de l'armée adverse.

Malgré cette consigne, la femme de chambre a le lendemain à repousser un nouvel assaut. Pour recouvrer sa tranquillité, elle se dirige sans hésiter vers le principal hôtel de ville, où est descendu l'État-major, et demande à parler au commandant de l'armée. Introduite sans aucune difficulté auprès du général Rennenkampf en personne, elle lui expose ses plaintes et reçoit aussitôt cette réponse : « Vous aurez toutes les garanties que vous étiez en droit d'attendre de vos compatriotes ; nous aussi nous sommes des hommes ! Et si vous pensez que les officiers allemands protégeraient les personnes et les biens des femmes russes, vous verrez que les officiers russes savent de leur côté protéger les femmes allemandes ! » Puis il la renvoie en faisant placer devant sa maison un poste qui, nuit et jour, en interdira l'entrée à tout venant. Voilà, il faut l'avouer, des envahisseurs particulièrement complaisants !

Le seul souci de la gouvernante se réduit désormais à donner à manger aux hommes de garde. Quand ils partent avec les derniers détachements russes, elle procède à une revue

sommaire de ce qu'ils ont laissé derrière eux.
Tous les meubles sont intacts et à leur place,
le poulailler lui-même a été en grande partie
sauvé : il ne manque à l'inventaire que quelques verres et tasses et qu'un chien emmené par des Cosaques qu'il avait mordus[1].
Combien de nos compatriotes du Nord auraient
été heureux de se tirer à si bon compte d'une
visite de ce genre ! Il est vrai qu'en ville plusieurs maisons abandonnées ont été vidées de
leur contenu : mais c'est un sort que sur le
front occidental les Allemands avouent eux-
mêmes avoir réservé à toutes celles dont les
propriétaires n'avaient pas attendu leur venue.
Là encore, ils semblent avoir été assez mala-
droits dans leurs accusations contre l'armée
russe, car les plaintes dont ils ont fait retentir
toute l'Europe ont eu pour résultat de provoquer, entre leur conduite et la sienne en pays
occupé, une comparaison qui ne tourne pas à
leur avantage.

Avant de quitter ce sujet, il n'est peut-être
pas inutile de rechercher dans leurs témoignages des indications sur l'attitude du peuple
russe lui-même en présence de la guerre. On
en trouvera, en effet, quelques-unes dans l'ouvrage consacré par le docteur Menczl au récit
de son voyage en Sibérie, où il avait été envoyé comme otage civil. Au cours de ses

1. Thümmler, VIII, pp. 11-13. Cf. Krack, p. 195.

séjours dans les diverses villes où il a été interné, il a joui d'une liberté suffisante pour entrer en relation et même pour parler politique avec des représentants des diverses classes sociales. Il recueille soigneusement toutes les critiques qu'il leur a entendu formuler, soit contre le gouvernement, soit même sur la conduite de la guerre. Il cherche notamment à prendre langue avec des social-démocrates, que leurs idées pacifistes et leur opposition au régime lui semblent devoir rendre favorables à un rapprochement avec les Empires centraux. Toutes les fois qu'il touche avec eux ce sujet, il éprouve une cruelle déception à les trouver plus patriotes, plus nationalistes, aussi impérialistes mêmes que les pires suppôts de l'autocratie [1]. C'est là une constatation qui peut présenter un certain intérêt depuis la révolution russe.

1. MENCZL, pp. 93, 134.

II

LA TÉNACITÉ ANGLAISE

Comme la Russie, l'Angleterre devait être pour les Allemands l'occasion d'humiliants retours sur leurs premières impressions. Dès les premiers mois de guerre, les plus sincères sont forcés de reconnaître qu'ils se sont trompés sur son compte et que leur haine a égaré leur clairvoyance.

Ils avaient voulu d'abord contester à leurs adversaires d'outre-Manche, non seulement toute aptitude guerrière, mais même tout sentiment d'honneur. On se rappelle par quelle laborieuse tirade Gottberg essayait de ruiner cette réputation de gentlemens, si désagréable à son orgueil national, qui leur faisait dans le monde entier comme une légende et une escorte. Il est piquant d'opposer à ses dénégations le témoignage de l'un de ses collègues de l'armée de mer, pris au combat des îles Falkland, où son navire, le *Gneisenau*, avait été coulé. Du vaisseau britannique où il a été recueilli, cet officier de marine écrit à ses parents : « Pour l'instant, nous sommes hospitalisés par les officiers anglais avec un tact et une amabilité extraordinaires. Nous ne pouvons nous apercevoir en rien que nous sommes prisonniers de guerre. L'Amiral commandant l'*Invincible* a envoyé, au nom de tout son personnel, aux survivants du *Gneisenau* un télégramme pour les féliciter de leur heureux sauvetage et reconnaître leur bravoure dans le combat... A bord, nous sommes très bien soignés [1]. » On serait curieux de savoir si les prisonniers anglais en Allemagne parlent en ces termes de leurs geôliers.

Ce n'est pas seulement sur ce point que les combattants allemands sont amenés à revenir de leurs préventions du début. Au temps où ils maudissaient l'Anglais sans le connaître, ils se le figuraient comme un soldat de parade, attiré sous les drapeaux par l'appât de la solde, esclave de ses habitudes de confort et incapable d'un effort prolongé. Cette opinion sommaire commence à être ébranlée dans leur esprit par l'aspect des premiers prisonniers ; ils admirent en eux, non seulement un équipement dont le caractère pratique et confortable excite leur envie [2], mais encore une « tenue exemplaire » et une « fierté d'attitude » qu'ils

---

1. THÜMMLER, XVIII, pp. 6-9.
2. HOECKER, p. 70 ; *Der deutsche Krieg in Feldpostbriefen*, V, pp. 41 et 61 ; REINHARDT, p. 34.

avouent leur en « imposer fortement[1]. » Ils commencent à se dire alors qu'ils auront affaire à forte partie. C'est déjà d'ailleurs l'opinion courante au Quartier général où, dès le mois de septembre les commensaux de Sven Hedin, tout en dénonçant à l'envi les méfaits des Anglais, sont unanimes à porter aux nues leur bravoure personnelle[2].

Cette évolution d'esprit s'accentue quand la guerre de positions vient fournir à la ténacité britannique une occasion de s'affirmer avec éclat : « Les Anglais tiennent comme des murs, confesse un soldat du train au cours de la bataille des Flandres (18 novembre) : il faut littéralement les jeter hors de leurs tranchées : dur travail pour les nôtres. » En face des Écossais, la situation est particulièrement intenable, en raison de la « colossale précision » de leur tir[3]. Reinhardt est plus explicite encore lorsqu'il écrit, quelques jours après la prise de Lille : « Nous faisons chaque jour l'expérience que nous avons en face de nous un ennemi d'une opiniâtreté et d'une force de résistance sans égales, que la fusillade la plus violente, la pluie de shrapnells et de grenades la plus effroyable parviennent à peine à ébranler. Nous ne gagnons de terrain que lentement, avec une lenteur infinie, et chaque pouce doit en être

1. *Der deutsche Krieg in Feldpostbriefen*, I, p. 99.
2. Sven Hedin, p. 491.
3. Thümmler, XXVII, pp. 30-82

payé au prix de très lourds sacrifices. Dans les tranchées prises d'assaut, on trouve les corps des défenseurs alignés, comme s'ils s'étaient exposés aux coups de crosse et de baïonnette des assaillants, sans vouloir ni céder ni fléchir. Oui, l'on doit reconnaître qu'au point de vue militaire de pareils adversaires méritent la plus haute considération[1]. »

Et plus loin l'auteur, officier d'artillerie, cite à l'appui de cette affirmation quelques exemples particulièrement caractéristiques. « Si l'on démolit aujourd'hui une partie de leurs tranchées, on peut être sûr de les retrouver le lendemain en irréprochable état; si l'on dirige quelques obus bien ajustés sur une maison où les rapports de l'infanterie signalent l'installation d'une cuisine de campagne, un jour, deux jours après au plus tard, l'on voit un panache de fumée blanche recommencer à s'élever au-dessus des murs à moitié ruinés. Puissent nos compatriotes s'imaginer d'après ces détails les infinies difficultés que présente la victoire sur un pareil ennemi ! Puissent-ils s'accoutumer à la patience[2] ! » Après leur avoir adressé cet avertissement prophétique, Reinhardt assiste, après son retour en Allemagne, aux manifestations du « patriotisme à la Lissauer » par lesquelles ils cherchent à satisfaire

1. REINHARDT, p. 33.
2. REINHARDT, p. 44.

leurs animosités. Il avoue que ces violences verbales ne seront goûtées d'aucun de ceux qui, ayant mené l'existence du front, ont appris à connaître leurs adversaires et n'en parlent plus à la légère[1].

Il n'est pas enfin jusqu'aux Indiens de l'armée britannique qui n'arrivent à forcer l'estime des combattants allemands. Au début, leur type exotique et leurs uniformes bariolés servaient de thème à d'intarissables plaisanteries sur ces « singes » promus à la dignité de champions de la civilisation. De premiers combats les révèlent comme particulièrement déconcertants par leur extrême mobilité. Ils grimpent sur les arbres pour décharger leur fusil, se laissent ensuite glisser à terre, rampent sur le sol à travers tous les obstacles et mettent une telle prestesse dans leurs mouvements qu'ils semblent insaisissables et invisibles. On songe encore moins à les railler après une surprise nocturne au cours de laquelle ils arrivent sans être aperçus jusqu'aux tranchées allemandes, essuient une salve à bout portant sans interrompre leur marche, et livrent aux occupants une lutte corps à corps qui laisse à ceux-ci de terribles souvenirs : « Ces gueux de couleur ne sont pas à mépriser », déclare mélancoliquement un témoin de cette scène tragique[2].

1. REINHARDT, p. 95.
2. THÜMMLER, XV, p. 19, et XVIII, pp. 29-30.

On l'eût probablement bien surpris trois mois auparavant si on lui eût annoncé qu'il serait amené à risquer un pareil aveu.

On aurait pu croire les combattants allemands résignés désormais à la supériorité anglaise ; on constate pourtant chez eux un nouveau mouvement de révolte et comme un retour d'exaspération, quand leur adversaire, au cours de l'hiver de 1914, prélude par l'essai de ses premiers canons géants au colossal développement de son artillerie lourde. Ils s'abandonnent sans réagir à cette singulière disposition d'esprit qui les a toujours portés à se poser en victimes toutes les fois qu'ils ont vu se retourner contre eux leurs procédés de guerre favoris. Ces chevaliers du 420 flétrissent comme inhumain l'emploi d'engins aussi meurtriers, et ces apôtres de l'organisation trouvent immoral de devoir la victoire à une simple supériorité de matériel. Rien n'est plus plaisant à cet égard que d'entendre le dialogue échangé à Roulers par deux sous-officiers revenant du front, où ils ont fait connaissance avec les nouveaux projectiles britanniques : « Ce n'est pas juste, s'écrie l'un d'eux, de tirer sur des hommes avec de pareilles machines. C'est honteux (*gemein*). — Oui, honteux, reprend l'autre. Quels gens ignobles que les Anglais, pour employer cette sorte de canons [1] ! » Cette indi-

---

1. HEGELER, p. 40.

gnation, qu'accompagnent des gestes impuissants de menace, rappelle celle qu'exprimera plus tard le maître chauffeur Zenne, le dernier survivant du *Wiesbaden ;* en racontant la bataille du Jutland, il lancera à ses adversaires l'épithète de « peuple de Barbares au cœur froid » parce qu'ils auront commis le crime de couler son bateau par une canonnade impitoyable[1].

Une dernière remarque peut servir à traduire par un indice extérieur l'évolution morale dont on vient de retracer les principales phases. L'attitude de la troupe à l'égard des prisonniers anglais change comme ses sentiments. Au début, elle ne trouvait pas assez d'injures et d'imprécations pour les leur lancer au passage. L'hiver suivant, quand leur arrivée est signalée sur le front de Flandre, elle se livre aux plaisanteries habituelles sur « ces mercenaires à visage d'assassins » ; mais dès qu'ils paraissent, elle les accueille par un silence que ne vient rompre aucune exclamation. Hegeler, qui a été témoin de la scène, voit dans ce mutisme l'expression tacite d'une haine trop implacable pour se satisfaire par des paroles[2]. Ne faut-il pas l'interpréter au contraire comme la marque d'un involontaire respect ?

1. ZENNE, p. 43.
2. HEGELER, p. 56.

III

LES VERTUS FRANÇAISES

A l'égard de la France et des Français, ce revirement d'opinion, semble encore plus rapide et plus complet; en même temps qu'une satisfaction pour notre patriotisme, ce n'est pas l'une des moindres curiosités de cette enquête que d'en suivre les progrès et d'en constater l'étendue. La portée en effet n'en est pas restreinte, comme on pourrait d'abord le supposer, au seul domaine des choses militaires : des soldats mesurent volontiers la valeur de l'adversaire à la vigueur des coups qu'ils reçoivent de lui et à ce point de vue les combattants allemands ont eu bientôt toutes les raisons de placer très haut dans leur estime l'armée qui leur était opposée. C'est aussi sur le pays de France et ses habitants que leurs premières impressions ne tardent pas à faire place à des jugements plus favorables et plus conformes à la réalité.

Il faut d'abord mettre à part tous ceux qui

n'ont plus songé à critiquer la monotonie d'aspect des coteaux champenois après en avoir goûté les productions naturelles : et ceux-là devaient être légion, à en juger par l'état de certaines caves après leur passage. Ils pouvaient justifier cette coupable indulgence par un distique que Gœthe semblait avoir écrit à l'intention de ses descendants : « Un véritable Allemand ne peut souffrir le Français, mais il boit volontiers ses vins. » C'est cette sentence qu'invoque à sa décharge le duc de Mecklembourg, lorsqu'arrivé au terme de l'aventureuse randonnée qui l'a conduit de New-York à Christiania, il veut en célébrer la réussite en vidant une bouteille de Pommery[1]. C'est cette citation que répètent comme un mot d'ordre beaucoup d'officiers et de soldats cantonnés l'hiver en Champagne.

Ceux auxquels manquait cette consolation pouvaient être excusables au début d'être restés insensibles au charme de certains paysages, particulièrement ingrats, au milieu desquels les avaient conduits leurs premières marches. Quand les hasards de la campagne les amènent dans des régions plus favorisées par la nature, ils en découvrent avec émerveillement la beauté extérieure et quelques-uns trouvent même des accents presque émus pour les célébrer. « Je n'ai jamais vu, avoue l'un d'eux en arrivant dans

1. ZUR PLASSOW, p. 98.

la région d'Épernay, je n'ai jamais vu coin de
terre aussi beau que cette France. » Un autre
parle de ce « pays béni de la Champagne », et
de l' « inoubliable impression » que laisse la
vue de ses vignobles[1]. L'Argonne elle-même
est l'objet des mêmes louanges, exprimée dans
les mêmes termes. « Je n'ai jamais contemplé
de paysage plus beau que cette forêt. Ceci a
l'air d'un paradoxe et c'est pourtant la pure
vérité[2]. » Kutscher, de son côté, ne se lasse
pas, lorsqu'il descend la vallée de l'Oise, d'en
admirer les charmants villages, avec leurs
églises millénaires et leurs clochers artistiques, les collines boisées, d'une perspective si
impressionnante au clair de lune, les vieux
châteaux de légende, les maisons de plaisance
noyées dans des parcs ombreux, et toutes les
particularités dans lesquelles il voit autant de
témoins irrécusables d'une « vieille culture » ;
plus bas, il note l'apparition d'une végétation
qui lui paraît déjà toute méridionale[3]. Ceux
enfin auxquels il répugne de reconnaître une
supériorité quelconque à une terre ennemie se
tirent d'affaire par des comparaisons avec leur
propre pays. Bülow évoque le Mecklembourg
natal en pénétrant dans les plaines ondulées de
la Picardie, et Quéri retrouve dans la Woëvre

---

1. *Der deutsche Krieg in Feldpostbriefen*, V, pp. 306 et 324.
2. *Der deutsche Krieg in Feldpostbriefen*, IV, p. 155.
3. KUTSCHER, pp. 78-81.

certains aspects de la Thuringe[1]. Tous se laissent peu à peu gagner par ce charme irrésistible de la France qui avait si puissamment agi sur leurs pères de 1870.

Quand arrive l'hiver, et avec lui la guerre de tranchées, les correspondants de guerre succèdent aux soldats dans ce voyage de découverte à travers la terre française. Simples spectateurs de la lutte dont leurs devanciers étaient les acteurs, ils ont l'esprit plus libre pour en considérer le côté extérieur; et comme pour eux un paysage représente de la littérature, c'est-à-dire de la copie, ils décrivent en termes lyriques ceux devant lesquels les conduisent leurs tournées. On retrouve les manifestations les plus caractéristiques de cet état d'esprit dans le second volume de Rosner. Les épithètes de « romantique, idyllique, pictural (*malerisch*) » y ponctuent presque à chaque ligne les pages qu'il consacre à peindre les côtes de la Meuse, si pittoresques dans leur parure d'hiver, — la petite cité d'Hattonchâtel, « songe d'inégalable beauté, tableau unique par la profondeur, l'éclat et la plénitude des couleurs », — le bourg de Saint-Maurice, d'où l'on découvre une mer de forêts, — l'antique cathédrale de Noyon — et même la citadelle de Lille, dont la noblesse d'architecture et l'unité de construction semblent à l'auteur

1. Bülow, p. 136 ; Quéri, p. 274.

symboliser toute une civilisation et tout un règne [1].

Ce n'est pas seulement aux spectacles de la nature que ces touristes casqués apportent un juste tribut de louange, c'est aussi aux œuvres du travail humain et en premier lieu a ces routes nationales dont ils attribuent la création à Napoléon. Ils en admirent le caractère grandiose et apprécient en même temps les commodités pratiques qu'elles offrent à la marche de leurs colonnes par leur largeur uniforme, leur direction rectiligne et leur savant tracé [2]. Les bâtiments officiels leur font également bonne impression, surtout les locaux scolaires dont ils ont maintes fois l'occasion de louer la propreté et la gaieté. L'un d'eux note l'installation toute moderne de l'hôpital de Reims et reconnaît même — suprême éloge dans sa bouche — qu'elle supporte la comparaison avec celle des établissements similaires allemands [3].

On aime également à les voir revenir à un sentiment d'indulgence plus judicieuse envers cette population rurale dont l'aspect misérable leur apparaissait d'abord comme l'indice d'une civilisation arriérée ou de tares héréditaires. A la fréquenter, ils se dépouillent des préven-

1. ROSNER, *Der Drahtverbau*, pp. 22, 23, 26, 35, 71 et 163.
2. *Der deutsche Krieg in Feldpostbriefen*, V, p. 104 ; *Unser Vormarch bis zur Marne*, p. 68.
3. MARSCHNER, pp. 50 et 52 ; *Der deutsche Krieg in Feldpostbriefen*, IV, p. 50.

tions qu'ils conservaient à son endroit. Kutscher raconte que, dans un cantonnement des environs de Reims, les officiers de son bataillon ont organisé une petite loterie de Noël pour les enfants du village ; leur réunion lui offre ainsi une image en raccourci de la jeune génération française. Il reste stupéfait de ne leur voir présenter « pas la moindre trace de dégénérescence » et de trouver au contraire réunis en eux tous les signes extérieurs d'une parfaite santé physique et morale : constitution robuste, joues fraîches, habits bien tenus, éducation exemplaire. Ce spectacle dérange visiblement toutes ses idées. Ayant eu plus tard l'occasion de s'entretenir avec trois jeunes filles de la localité, il s'émerveille du naturel et de la vivacité de leur conversation [1].

Ses compagnons d'armes, qui ne montrent pas tous la même franchise, finissent d'ailleurs par rendre hommage, même à leur insu, aux vertus profondes de la race française : à son activité, à son humanité et à son patriotisme. Sven Hedin, toujours attentif à conserver les dehors de l'objectivité, ne peut retenir un éloge en une ligne de ce peuple « noble, laborieux, économe » qu'il prétend seulement gâté par la politique [2]. Il admire le stoïcisme tranquille des paysans, leur ardeur persistante au tra-

---

1. KUTSCHER, pp. 196 et 211.
2. SVEN HEDIN, p. 155,

vail, leur invincible attachement à la terre.

Comme pour illustrer ces remarques, un soldat rapporte n'avoir pas vu sans étonnement un paysan labourer placidement son champ à quelques centaines de mètres de la ligne de feu et presque à portée des canons français. Tout au début de la bataille de Verdun (23 mars 1916), Queri risque une excursion dans le village de Consenvoye, conquis quelques jours avant par les siens, à moitié démoli, et abandonné par la plus grande partie de la population. L'avant-dernière maison est encore occupée par une vieille femme qui tricote sur le pas de sa porte, iudifférente aux ruines qui l'entourent comme aux obus qui éclatent dans le voisinage. L'amour de son foyer a été plus fort en elle que l'appréhension du danger [1].

Sous ce rapport, les gens des villes ne le cèdent en rien à ceux des campagnes. Dans une page dont les événements postérieurs devaient redoubler l'intérêt d'actualité, Rosner rend un hommage presque ému à la vitalité de Lens « cette cité couverte de balafres ardentes, mais qui persiste à exister dans le sang, refuse de se soumettre à son destin, tressaille sous les coups, se sent ébranlée dans les profondeurs de son être sans pourtant se laisser abattre ». Il n'y reste plus que des vieillards, des femmes et des enfants. Ils bouchent avec

2. Queri, p. 163.

des planches les brèches ouvertes par les obus
dans les murs de leurs maisons et, quand le
bombardement devient trop violent, se réfugient dans les caves ; malgré les épreuves de
cette triste existence, aucun ne veut entendre
parler de départ, tous sont résolus à « tenir »
jusqu'au bout. C'est là un exemple d'héroïsme
civil devant lequel l'ennemi lui-même est forcé
de s'incliner [1].

Ces Français, si durs pour eux-mêmes, savent à l'occasion se montrer compatissants
pour l'adversaire. Il n'est pas rare de voir des
combattants se louer dans leurs lettres de
l'accueil qu'ils ont reçu dans certaines maisons,
où ils arrivaient accablés par la fatigue d'une
rude étape [2] ; d'autres prétendent même avoir
trouvé dans les villages de la terre ennemie la
même hospitalité que dans leur propre pays,
ce qui ne donne pas une bien haute idée du
désintéressement de leurs compatriotes [3]. Tous
ceux enfin qui ont été blessés parlent avec reconnaissance des soins qu'ils ont reçus, soit
des sœurs de la Croix-Rouge française, soit
de simples paysans comme ce meunier des environs de Longwy qui offre spontanément sa
maison et ses meubles pour l'établissement
d'une ambulance où il cherche à adoucir les
souffrances de ses adversaires comme de ses

1. Rosner, *Der Drahtverbau*, pp. 129-131.
2. Bülow, p. 141 ; Biernatzky, pp. 65, 66.
3. *Der deutsche Krieg in Feldpostbriefen*, I, p. 158.

compatriotes [1]. L'on sait du reste et l'on verra encore plus loin comment ce dévouement a été trop souvent mal récompensé.

Certains témoignages ennemis mettent enfin en lumière la dignité d'attitude des malheureuses populations des pays envahis. Sven Hedin avouait n'avoir pu assister sans émotion, dans les rues de Valenciennes, au spectacle de tant de veuves en deuil, tenant pour la plupart leurs enfants par la main et conservant dans leur malheur une irréprochable correction de tenue [2].

Dans les campagnes, pourtant isolées du monde, la flamme d'un ardent patriotisme n'a jamais cessé de brûler au fond des cœurs. Rosner cite à ce propos une anecdote bien caractéristique. Dans un village des environs de Laon, la communauté de vie et la nécessité de relations quotidiennes ont fini par amener une sorte de familiarité tout extérieure entre les occupants allemands et les femmes qui représentent désormais tout l'élément civil de la localité. Quel changement pourtant dans l'attitude de celles-ci, quand les avions français paraissent à l'horizon et viennent les survoler ! Elles pâlissent à l'idée du bombardement qu'elles prévoient et du danger qu'elles courent, mais on surprend un éclair dans leurs

1. Thümmler, III, p. 20. *Der deutsche Krieg in Feldpostbriefen*, V, pp. 76.
2. Sven Hedin, p. 410.

yeux : « On y lit, dit Rosner, un souci et une prière. Ce sont les leurs qui sont là-haut, et au moment où les blancs nuages des shrapnells encadrent les avions, ce sont eux qu'appelle leur sang, c'est pour eux que supplie leur cœur. Des murs se sont soudain élevés entre elles et nous. Non, ce ne sont plus là les femmes avec lesquelles nous bavardions et dont nous caressions les enfants. Nous nous sentons brusquement séparés d'elles par des espaces infinis.[1] » L'émouvante simplicité de ce récit rend toute réflexion inutile. Le seul commentaire qui lui conviendrait serait l'exclamation stéréotypée par laquelle Ganghofer termine toutes ses tirades patriotiques : « Non, un tel peuple ne peut pas périr ! »

1. ROSNER, *Der graue Ritter*, p. 77.

III

LES PRISONNIERS EN FRANCE ET EN RUSSIE

Après les combattants, on serait curieux de savoir ce que les prisonniers pensent du pays dont ils sont devenus les hôtes involontaires. Comme ils ont rencontré les soldats français ailleurs que sur les champs de bataille et connu les civils dans une autre attitude que celle de vaincus, leurs observations sont forcément moins superficielles, bien que le champ en paraisse, au premier abord, limité par leur captivité même. Elles présentent encore d'autres avantages. En nous renseignant sur la manière dont leurs auteurs ont été traités, elles prêtent à d'instructifs rapprochements avec les échos qui nous parviennent des geôles allemandes, et elles permettent de ramener à leur juste valeur certaines plaintes qui ont servi de prétexte à d'innommables représailles.

Si les prisonniers faits par la France sont encore enfermés dans des camps qui ne livreront leurs secrets qu'à la paix, quelques-uns pourtant, repris, échangés ou évadés, sont retournés en Allemagne. Les récits qu'ils nous ont laissés de leurs aventures rachètent leur petit nombre par leurs garanties d'absolue sincérité, car la seule contrainte qui aurait pu les déformer était précisément la crainte d'une partialité trop visible envers les Français.

On ne s'attendra naturellement pas à voir les auteurs représenter leur temps de captivité comme une idylle et leurs gardiens comme les modèles de toutes les patiences et de toutes les vertus. Tous se plaignent notamment d'avoir été salués par des cris et des gestes dépourvus d'aménité au cours de leur voyage vers les camps de concentration; c'est là une conséquence fâcheuse, mais inévitable, du déchaînement des passions populaires, et s'il est un pays où l'on serait tenté de trouver excusables ces démonstrations d'hostilité, c'est assurément celui où la haine de l'ennemi se doublait de l'indignation causée par ses excès. Mais, ce grief une fois formulé, la plupart des prisonniers allemands ne font nulle difficulté de constater avec franchise, parfois même avec reconnaissance, l'humanité des autorités militaires ou même de certains civils avec lesquels ils ont été en relations. On peut en juger par quelques exemples.

Voici d'abord un officier de cavalerie, pris tout au début de la guerre (14 août) au cours d'une chevauchée devant Longwy. Tombé dans

une embuscade et étendu à terre sous son che-
val blessé, il voit se précipiter vers lui un
groupe de fantassins ennemis, la baïonnette
haute. Il lui suffit, pour les désarmer, de leur
adresser en un français approximatif ces mots,
qu'il prend pour une plaisanterie spirituelle :
« Messieurs, laissez ces ridiculités ! » Le chef
de la patrouille le relève avec un sourire et le
conduit au commandant de la place, qui l'accueille avec « une correction parfaite » (*durchaus
korrekt*). Enfermé ensuite dans la casemate,
où la garnison cherche un abri contre la fureur
du bombardement, il y est d'abord exposé par
son uniforme à quelques gestes de menace ;
mais un capitaine du génie le couvre de son
corps et le protège contre toute insulte. Quand
il est libéré par la capitulation, il rend à ses
hôtes ce témoignage que parmi eux les « vrais
officiers » — entendez les officiers de carrière — se sont comportés avec lui d'une façon « constamment irréprochable » (*stets
tadellos*) [1].

Voici un médecin militaire capturé devant
Verdun (28 septembre) et rapatrié presque
aussitôt par Lyon et la Suisse, en sa qualité de non combattant. A Bar-le-Duc, où on
l'a d'abord transféré, il déclare n'avoir eu
qu'à se louer des procédés obligeants du col-
lègue français qui lui fait passer un court

---

1. *Der deutsche Krieg in Feldpostbriefen*, IV, p. 47.

examen médical pour s'assurer de son iden-
tité [1].

Voici un aviateur parti pour survoler les
lignes françaises près de Bertrix et forcé d'y
atterrir sous une grêle de balles : l'une a tué
son compagnon, une autre s'est logée dans son
crâne, en lui causant un léger étourdissement.
Il saute à bas de sa machine, se voit entouré
de pantalons rouges, abat à coups de pistolet
trois des assaillants, mais succombe à la fin
sous le nombre. Au moment où il sent une
baïonnette sur sa poitrine et croit sa dernière
heure arrivée, il entend crier à ses côtés par
un officier supérieur : « Laissez-le en vie, car
c'est un brave ! » Aussitôt désarmé, il est conduit et présenté au commandant du XVIIᵉ corps
français, puis remis aux mains de deux médecins qui font l'extraction de sa balle, bandent
sa plaie et lui donnent du vin pour se restau-
rer. En le retenant sur place, ces soins lui permettent de mettre à profit un retour offensif
de ses compatriotes pour brûler la politesse
à ses gardiens. Sa captivité n'a duré que trois
heures, mais assez longtemps pour qu'il
apprécie « les bons procédés et la haute considération » dont il a été l'objet de la part des
officiers [2].

Un infirmier pris avec son ambulance à la

1. *Ibid.*, p. 146.
2. Thümmler, V, p. 4.

fin de la retraite de la Marne (16 septembre), est dirigé sur Toulouse, d'où il écrit aux siens : « Je dois dire qu'ici nous sommes en de très bonnes mains. Nous sommes employés à soigner les blessés allemands. Nous recevons une nourriture saine et abondante et je n'ai absolument aucune plainte à formuler. Les médecins sont très bons pour nous. Bien que nous soyons à l'abri des balles, j'espère pourtant être bientôt échangé » [1]. — Ailleurs, enfin, un réserviste blessé sur le versant français des Vosges a été déposé par ses camarades dans une maison dont les habitants, à sa grande surprise, ne se comportent pas en « hyènes du champ de bataille ». Ils lui témoignent leur commisération par le seul mot d'allemand qu'ils connaissent : *Deutscher soldat*. Tandis que l'homme lui donne à manger, la femme coupe son pantalon pour panser sa jambe. Survient au milieu de cette opération une troupe de fantassins français. Ce sont de « bonnes gens », qui font fête au blessé et lui tendent la main sans comprendre un mot de ses explications; ils désarment même et apaisent un de leurs camarades survenu après coup et qu'indignaient ces manifestations de camaraderie envers un ennemi. La scène se termine par un retour des Allemands en force et trouve sa moralité dans le geste d'un de

1. *Der deutsche Krieg in Feldpostbriefen*, V, p. 176.

leurs officiers, dont le premier soin est d'ordonner l'incendie de la maison où l'un des leurs a été si généreusement hospitalisé[1].

On pourrait, il est vrai, objecter à ces divers témoignages que leur caractère épisodique ne permet pas d'en tirer des conclusions générales et surtout des comparaisons fondées. Pour être en droit de le faire, il faudrait connaître les souvenirs de combattants qui aient été soumis dans les camps de l'intérieur, et pour une période plus longue, au régime commun des prisonniers de guerre. Le petit volume du Bavarois Neubau permet de satisfaire cette curiosité. Pris le 16 septembre 1914 près de Noyon, successivement interné à Coetquidan, envoyé en détachement à Plougenast, employé ensuite aux travaux du port de Rouen, d'où il s'évade sur un bateau suédois, avec la complicité de l'équipage, l'auteur a passé, pendant une captivité de dix mois, par les conditions de vie les plus diverses, comme par des épreuves assez longues pour susciter en lui beaucoup de rancunes et de colères. C'est pourtant dans son œuvre que l'on retrouve, avec le ton le plus calme, le plus grand nombre de traits de courtoisie et de générosité à l'actif des Français de tout ordre. Il suffira de citer les plus caractéristiques.

Aussitôt après avoir été renversé de sa bi-

1. THÜMMLER, XI, pp. 5-7.

cyclette et désarmé par des tirailleurs algé-
riens, au cours de la retraite de la Marne,
Neubau est d'abord conduit devant un officier
qui lui fait un accueil « distingué et amical »
(*vornehm und freundlich*) et lui adresse cette
phrase de consolation : « La guerre est maintenant finie pour vous. » Un interprète militaire,
devant lequel il subit ensuite l'interrogatoire de
rigueur, lui demande son nom et le numéro de
son régiment, mais sans insister pour tirer de
son prisonnier des renseignements militaires.
Dans un des villages qu'il traverse à pied pour
gagner la plus prochaine gare d'étapes, il voit
les habitants écarter spontanément de son chemin une femme, exaspérée sans doute par les
souvenirs de l'invasion, qui se précipitait vers
lui comme une « furie [1] ».

Ils est ensuite enfermé avec une trentaine de
compagnons d'infortune dans un wagon où ils
resteront emprisonnés plusieurs jours et plusieurs nuits avant d'arriver à destination. Il se
plaint naturellement des conditions de confort
qu'il y trouve, ainsi que des cris hostiles qui
frappent ses oreilles au passage dans les gares ;
mais il semble plus touché encore par un épisode qu'il relate en ces termes : « L'humanité
d'une simple paysanne française mérite une
mention spécialement élogieuse. Un jour que
le train s'était arrêté en pleine campagne, mais

---

1. NEUBAU, pp. 13-15.

dans le voisinage d'une maison, la patronne du logis répondit à nos cris pour avoir de l'eau en nous apportant un grand bol de café. Elle y ajouta des paroles d'encouragement et de consolation, en nous disant que la guerre prendrait bientôt fin, et que nous retournerions chez nous sains et saufs. Elle s'efforçait ainsi de nous réconforter à la fois le corps et l'âme. Que Dieu te le rende, noble âme de femme [1] ! »

Après avoir admiré au passage les nobles paysages de l'Ouest de la France, Neubau arrive à Coetquidan, dont le site « romantique » et les champs de bruyères l'impressionnent favorablement. Il se familiarise avec les hommes et les choses du camp. Le commandant supérieur est un « aimable colonel », dont le seul tort est d'attribuer à ses subordonnés la bienveillance qui l'anime lui-même vis-à-vis de ses prisonniers ; mais il suffit d'invoquer son intervention pour voir mettre un terme aux abus qu'on peut avoir l'occasion de lui signaler. Sa bonté d'âme ne représente pas d'ailleurs une exception. Un dimanche, à la fin du service divin, un vieux général français en tournée d'inspection vient remplacer le prédicateur en face des assistants et leur adresse dans leur langue cette brève allocution : « Je ne sais que peu l'allemand, mais je tiens à vous dire : Si vous êtes encore nos ennemis, devant Dieu nous sommes

1. Neubau, p. 16.

tous frères et nous vous traiterons comme tels, malgré votre captivité. »

Les hôtes du camp n'ont pas non plus à se plaindre des conditions de la vie matérielle. Leurs cuisines, placées dans des bâtiments vastes et propres, sont munies d'appareils du type le plus récent en usage dans l'armée française. Elles leur fournissent une nourriture à laquelle ils n'ont à reprocher que son uniformité ; à leur grand ébahissement, ils voient figurer trop régulièrement sur les menus la morue, dont ils se figuraient (déjà !) la pêche anéantie par les sous-marins allemands. Au bout de quelques mois, l'installation de bains chauds et d'une blanchisserie modèle leur permet d'avoir toujours des effets propres et de goûter un peu de bien-être corporel [1].

A Plougenast, où Neubau est ensuite envoyé, sa situation s'améliore encore. Non seulement il y trouve une nature enchanteresse à admirer et des rations plus variées à toucher, mais il y connaît de nouveau l'agrément des relations sociales. A la maison d'école où il est logé, l'instituteur s'empresse autour de ses camarades pour échanger avec eux des leçons d'allemand. Lui-même reçoit la visite d'une élégante Parisienne, venue lui exposer ses vues sur les responsabilités de la guerre et lui demander les

1. NEUBAU, pp. 18, 54.

siennes sur la violation de la neutralité belge [1].

Un ordre supérieur vient malheureusement arracher les prisonniers au charme de ce trop court séjour pour les diriger sur le camp de Rouen, où leur existence sera plus rude. Pendant leur passage dans une grande gare, en banal incident de voyage sert à leur révéler une fois de plus quels trésors de délicatesse renferme parfois en France l'âme des humbles. Comme ils souffraient de la soif, un civil s'appuyant péniblement sur une canne, probablement un blessé en convalescence, s'offre à eux pour remplir à la fontaine la bouteille qu'ils lui tendent. Entouré aussitôt d'une foule de patriotes échauffés et gesticulants, il doit justifier à leurs yeux ce geste de fraternité militaire. « Je n'ai jamais vu chez un homme modeste et simple, remarque à ce propos Neubau, une dignité royale et une noblesse tranquille d'attitude comparables à celles de ce mutilé de guerre, quand il laissa tomber sur la populace environnante ces mots écrasants comme un coup de son lourd bâton : « Que voulez-vous, ne sont-ce pas des malheureux comme nous? »

Une autre surprise attendait les voyageurs à leur arrivée à destination : « Ce qui nous fit une impression bienfaisante et agréable, c'était la manière humaine, équitable et digne dont nous étions traités... Nous avions affaire à un

NEUBAU pp. 57-59

interprète militaire qui était instituteur dans le civil et dont chaque parole avait cette signification : « Vous êtes des infortunés qui souffrez pour votre patrie ; nous sommes bien placés pour vous comprendre car nous avons reçu, nous aussi, le baptême du feu. » Qu'ajouter à la franchise d'une pareille déclaration[2] ?

C'est à Rouen que les péripéties d'une évasion mouvementée allaient fournir à l'auteur l'occasion de relever l'intérêt de son livre en le terminant par un véritable roman d'aventures. Ses impressions n'ont sans doute pas toujours été riantes, mais elles sont loin encore d'être désespérées. Il parle de sa captivité comme d'un temps d'épreuve, non comme d'un enfer, et il avoue que s'il a voulu en sortir à tout prix, c'était pour échapper, non aux mauvais traitements ou aux misères matérielles qu'elle aurait pu entraîner, mais à la sensation de dépression et d'invincible mélancolie que produit l'éloignement de la patrie joint à la privation de la liberté. Il a rencontré souvent des âmes compatissantes sur la terre étrangère. Si l'on compare son sort au souvenir que certains de nos compatriotes ont rapporté des prisons allemandes, on peut tirer de ce parallèle un juste sujet d'orgueil pour le pays, qui, dans la plus odieuse des guerres de dévastation, est resté si noblement fidèle à ses vieilles

2. NEUBAU, pp. 63-64.

traditions de respect envers l'ennemi vaincu.

Cette vérité s'est bientôt imposée avec assez d'évidence pour que les Allemands n'aient pas cru devoir trop insister sur l'attitude de la France à l'égard de leurs prisonniers. C'est sur la Russie, ce « pays de barbares », que s'est portée surtout l'ardeur de leur campagne de diffamation. Lorsqu'on parcourt les catalogues les plus récents de leur littérature de guerre, l'on demeure frappé de la place croissante qu'y prennent les récits de captivité ou d'évasion dont le théâtre se place dans l'Empire des tsars. Il y a là un visible effort de publicité pour impressionner l'opinion. C'est là une raison de plus pour examiner les plus importants de ces ouvrages et pour rechercher si les révélations qu'ils devraient contenir sont en rapport avec la réclame qui leur est faite.

Voici d'abord un petit volume présenté au public avec cette vedette, qui se détache en blanc sur un fond rouge feu, et qui semble propre à apitoyer les âmes sensibles : « *Hors de l'enfer* ». Ce sont les souvenirs du lieutenant Hans Zuchhold, pris à l'automne de 1914 sur le front de Pologne et échangé comme grand blessé à la Pâque de 1917 par la frontière suédoise. Le lecteur, curieux de savoir comment s'en justifie le titre sensationnel, court aussitôt au chapitre en tête duquel ce titre est reproduit : *l'Enfer* [1].

---

1. Zuchhold, p. 59, *seq.*

Il apprend qu'avant de recevoir la nouvelle de sa libération, l'auteur a passé quelques jours, en compagnie de cinq autres officiers, dans une chambre étroite et sale, où l'espace leur était étroitement mesuré, où ils passent leur nuit, couchés sur des lits de camp superposés, à livrer bataille à la vermine. A l'inconfort de cette installation s'ajoute l'ennui de la promiscuité avec les prisonniers ordinaires, cantonnés dans le même corps de bâtiment. Si impressionnante que soit cette peinture, par ses intentions plus encore que par ses particularités, elle n'atteint pas l'horreur de celles qui nous sont venues, même sous forme de clichés photographiques, de certains « camps de représailles » allemands.

Elle représente d'ailleurs une exception dans un ouvrage dont la note générale est toute différente. Après l'avoir lu tout entier, l'on est tenté de se dire que si la captivité en Russie est vraiment un « enfer », cet enfer est, conformément au vieux proverbe, pavé de bonnes intentions. Que de fois, en effet, Zuchhold avoue-t-il avoir été agréablement étonné par les constatations qu'il a été amené à faire au cours de sa pénible odyssée ! Une première surprise l'attend sur le champ de bataille où il est tombé blessé. A moitié évanoui, il sent d'abord des mains avides retourner ses poches, mais dès que la fusillade a cessé, un jeune soldat russe s'approche de lui et, après lui avoir bandé le bras, lui rend tout ce qui lui avait été pris, à l'exception de ses papiers. Il ne lui manque ni une pièce de monnaie, ni une cigarette. Plus tard un autre soldat, le voyant impuissant à se servir de sa main droite, lui fait manger de la soupe à la cuiller et lui donne même un morceau de fromage sec enveloppé dans un mouchoir. Bien que le mouchoir soit peu engageant, Zuchhold ne peut s'empêcher de reconnaître la générosité du procédé [1].

Il est recueilli ensuite dans une ambulance de l'arrière dirigée par le député à la Douma et futur ministre Goutschkow ; il y trouve « un bon personnel sanitaire, des lits propres, une nourriture satisfaisante» ; et il y serait volontiers resté, si la menace d'une offensive allemande n'avait hâté son évacuation vers l'intérieur de la Russie. Son voyage se fait en trois étapes, marquée chacune par quelques incidents caractéristiques. A la gare de Varsovie où il attend, couché sur une civière, le train qui doit l'emporter, il se voit adresser un gros mot par un infirmier qu'il voulait empêcher de lui prendre son manteau. Un jeune oficier, témoin de la scène, vient aussitôt s'excuser auprès de lui et faire punir sévèrement le coupable. A l'hôpital de Moscou, où il séjourne tout l'hiver, il est confié aux soins de sœurs « expérimentées, appliquées et compatissantes ». Le 25 décembre, ses camarades

---

1. ZUCHHOLD, pp. 9-12.

et lui doivent à la délicate générosité de dames de la société la surprise d'un arbre de Noël couvert de cadeaux : ils peuvent donc fêter cette solennité selon les rites chers à toute âme germanique. C'est également à leur manière et en toute liberté qu'ils célèbrent un mois plus tard l'anniversaire de la naissance de l'Empereur (27 janvier) par un *Parade-Marsch* qu'exécutent dans la cour des estropiés en béquilles (!) et que termine le chant de la *Wacht am Rhein*, entonné à mi-voix. En montrant quelles singulières distractions leur servent à adoucir les amertumes de la captivité, ces détails mettent en lumière la tolérance de leurs geôliers [1].

En juin arrive l'ordre de partir pour Kazan. A cette occasion, Zuchhold se trouve en contact avec la foule en attendant le tramway qui doit le conduire à la gare. Il ne constate en elle aucune hostilité, mais bien plutôt une expression de respect et de compassion envers ses camarades. Il voit des gens du peuple tirer de leur poche une pièce de monnaie, un morceau de pain ou un fruit, qu'ils déposent sans mot dire sur la couverture des plus dangereusement atteints. Voilà des attentions auxquelles n'ont pas été habitués nos blessés français en Allemagne. L'embarquement terminé, l'auteur prend place dans un wagon sanitaire qui lui paraît un modèle de confort, de propreté et d'aération.

1. ZUCHHOLD, pp. 17, 20, 24, 29.

Le personnel et même le matériel lui semblent également de « première classe ». Il n'en peut croire ses yeux, ne s'attendant pas à rencontrer tous ces perfectionnements dans un pays de sauvages [1]. A Kazan, où se terminera son existence de blessé, il trouve également de nombreux sujets de satisfaction. L'infirmier attaché à sa personne est un « bon diable », originaire de la petite Russie, animé de sentiments profondément humains ; les officiers de réserve qu'il lui est permis de fréquenter, le traitent « chevaleresquement, sans aucune espèce de haine, presque amicalement », tout en ne dissimulant pas leur désir unanime de profiter de la guerre pour libérer leur pays de l'emprise allemande. Enfin, il ne tarit pas en éloges sur le compte du *Potpalkownik* ou médecin chef de l'hôpital, personnage sympathique et chevaleresque, dont le premier soin est de présenter aux officiers blessés sa femme et sa fille et dont l'inépuisable sollicitude s'étend sur tous leurs besoins [2]. Combien de prisonniers ont connu en terre étrangère des supérieurs aussi secourables !

Les relations si bien commencées sont interrompues en octobre quand l'auteur, pouvant désormais marcher sans béquilles, est considéré comme guéri et soumis à la loi com-

1. ZUCHHOLD, pp. 37, 38 et 41.
2. ZUCHHOLD, pp. 47, 53.

mune des prisonniers. Ce nouveau régime se présente ailleurs à lui sous les couleurs les plus riantes, car avant d'accomplir une bien courte période de pénitence dans ce qu'il appelle un peu complaisamment son « enfer », il avoue lui-même avoir vécu quelques jours « dans le ciel, le ciel des entremets autrichiens ». Quelques officiers et médecins militaires de cette nationalité ont obtenu la faveur de louer pour leur usage une maison située dans un faubourg de la ville ; ils y vivent en commun, servis par leurs ordonnances, sous la garde fort peu gênante d'un vieux sous-officier, dans une tranquillité parfaite, sans autre préoccupation que de varier leur ordinaire par ces plats sucrés qui représentent pour eux le secret du bonheur et le triomphe de la cuisine viennoise : « Nous vivions là, dit Zuchhold, comme sauvés du naufrage sur une île heureuse... Personne ne s'occupait de nous et nous nous sentions déjà presque en liberté [1]. » Cette période de bien-être matériel et moral devait être d'ailleurs de courte durée. Mais combien de nos officiers prisonniers en Allemagne — c'est un rapprochement qui s'impose à l'esprit comme une obsession — auront été en mesure d'en rapporter de pareils souvenirs !

C'est également aux malheureux captifs civils de Holzminden ou de Rastatt que la pensée du

---

1. Zuchhold, p. 66.

lecteur se reporte, lorsqu'il parcourt les mémoires d'Otto Anthes, un de ces innombrables négociants allemands qui avant la guerre vivaient en Russie (ou plutôt vivaient d'elle) et qu'un souci trop justifié de sécurité a fait évacuer loin des grands centres et de la région frontière. Transféré de Pétrograd, sa résidence habituelle, jusqu'à Troizk, sur le revers oriental de l'Oural, il y jouit, avec d'autres compagnons d'internement, d'une si « complète liberté », qu'il y reçoit la visite de sa femme, passe son temps à flâner dans les rues, ou même à organiser des parties de campagne, et trouve dans la tolérance des autorités toutes les facilités nécessaires pour combiner à loisir un plan d'évasion sur la frontière roumaine, éloignée de plus de 3.000 kilomètres. Repris au moment précis où il allait la franchir, conduit à Ismaïl devant un colonel qui se comporte envers lui en véritable gentilhomme (*Kavalier*) et confié d'abord aux soins d'un geôlier débonnaire, il est ensuite reconduit par étapes vers son point de départ. Au cours de ce voyage, il lui arrive de se débarrasser des importunités d'un gardien par cette exclamation, qui semble malheureusement énoncer une triste vérité sous la forme d'une boutade : « Rappelez-vous que je suis Allemand et qu'en Russie les Allemands ont plus de droit que les Russes eux-mêmes ! » Aucune punition ne l'attend d'ailleurs à son retour pour son escapade ; il est simplement compris dans la mesure générale qui prescrit l'envoi en Sibérie de tous les prisonniers civils et qui lui permettra de s'évader définitivement en cours de route [1].

S'il paraît avoir supporté assez philosophiquement ses tribulations, cette patience n'est pas le fait d'un aviateur de marine dont l'odyssée présente quelque analogie avec la sienne. Surpris par une vive fusillade et contraint d'atterrir au moment où il s'apprêtait à survoler Libau, interné ensuite à Omsk, puis à Nischni-Udinsk, en Sibérie, le lieutenant Killinger a réussi, comme Anthes, à s'échapper du train qui le transportait à Vladivostock pour gagner la Mongolie, puis la Chine et l'Europe. C'est là d'ailleurs le seul point de ressemblance entre le civil et le marin. Tandis que le premier oppose à la mauvaise fortune une bonne humeur souriante, le second ne cesse de dénoncer avec une véhémence acrimonieuse le traitement, indigne d'un officier, auquel il aurait été soumis. La forme même qu'il a, de son propre aveu, donnée à ses protestations, n'était pas de nature à le faire adoucir. Il le prend de haut avec ses gardiens, ne leur parle que « bouillant de rage » ou sur le ton de la menace, épuise avec eux son vocabulaire d'invectives russes et répète à chaque instant, au cours

1. ANTHES, pp. 19, 26, 32, 52 et 67.

de sa narration, cette phrase significative : « Je sens que je deviens grossier [1] ». Quand on prétend à des égards particuliers, le meilleur moyen pour les obtenir n'est pas de commencer par injurier ceux auxquels on les demande. L'indignation exprimée avec si peu de mesure par Killinger semble d'ailleurs disproportionnée à ses griefs. Il se plaint d'abord d'avoir été légèrement houspillé lors de son atterrissement, puis d'avoir été enfermé comme un malfaiteur dans la forteresse de Saint-Pierre et Saint-Paul, où il reconnaît d'ailleurs avoir été supérieurement nourri et n'avoir souffert que d'ennui ; il oublie complètement que, lorsqu'il a été pris, il s'apprêtait à venir jeter des bombes sur une population inoffensive et que cet exploit ne représente pas un titre à l'indulgence de ses gardiens. Plus tard, à Omsk, il se lamente d'avoir dû coucher, avec d'autres officiers, dans des dortoirs communs où la vermine était plus abondante que le mobilier ; mais il est presqu'aussitôt transféré au camp de Nischni-Udinsk dont l'aspect lui cause une agréable surprise : le camp se compose d'un ensemble de petites maisons placées au milieu d'un bois dont ne l'isole aucun réseau de fils de fer. Les officiers, pour la plupart autrichiens, sont logés, par groupes de quatre ou cinq, dans de grandes chambres, claires et accueillantes,

1. KILLINGER, pp. 32, 39, 182 et 184.

qu'ils peuvent décorer à leur fantaisie ; pour charmer leurs loisirs, ils se réunissent dans un café établi par leurs soins, où ils dégustent des glaces aux sons d'un excellent orchestre à cordes composé de leurs hommes ; les nouvelles même ne leur manquent pas, car pour se les communiquer, ils autographient un journal clandestin dont aucune surveillance n'a pu pénétrer le secret et empêcher la publication [1]. Il faut avouer que l'existence devient fort supportable, même pour les prisonniers, avec de pareilles commodités, et que si les camps de concentration se suivent, ils sont loin de se rassembler.

Et pour aller de l'un à l'autre, quelle agréable manière de voyager ! Lorsque Killinger est expédié de Pétrograd à Omsk, il est placé avec cinq collègues dans un wagon, sous la garde d'un sous-officier russe et de quelques hommes qui leur laissent une liberté presque absolue. Quand le train s'arrête plusieurs heures ou même une journée à une station — ce qui arrive souvent sur le Transsibérien — tous en descendent à l'envi, passent des blouses de paysans sur leur uniforme, vont flâner en ville comme de paisibles touristes, oublient un instant leur captivité et regagnent le soir leur abri roulant sans recevoir une observation de leurs geôliers. L'un d'eux, qui s'était

---

1. Killinger, pp. 53-55.

attardé au point de manquer son train, le re-
joint même deux jours plus tard, en emprun-
tant un express [1]. On a mauvaise grâce à crier
à la 'persécution, après avoir voyagé comme
prisonnier dans des conditions aussi idylliques.
Pour apprécier à leur valeur toutes ces facilités, il suffit de se reporter au récit que nous a
laissé Tovote d'un transport de 300 officiers
français de Ingolstadt à Plassenburg : ils sont
conduits au train entre deux rangées de baïonnettes, comptés soigneusement à l'arrivée et
au départ, parqués dans des wagons sous la
surveillance constante de soldats armés, séparés' de leurs bagages, qui contiennent leurs
provisions[2]. Combien d'entre eux auraient
été heureux d'échanger leur sort contre le
régime patriarcal dont le bénéfice était ac-
cordé à leurs adversaires dans le pays des Barbares ! Sur ce point encore, comme sur tant
d'autres, les Allemands pourraient demander
des leçons d'humanité à leurs adversaires.

1. KILLINGER, p. 48.
2. TOVOTE, pp. 89-100.

V

LA VALEUR FRANÇAISE

Quelque curieuses que puissent paraître les impressions des combattants allemands sur le pays où ils ont été conduits comme envahisseurs ou comme prisonniers, elles présentent forcément moins d'intérêt que leurs appréciations sur l'armée française elle-même. Celles-ci se multiplient sous leur plume avec une telle abondance et une telle diversité que, s'il est aisé de les rassembler, il faut un sérieux effort de critique pour en mesurer la valeur, en tirer une idée d'ensemble, et en expliquer les contradictions, soit par la personnalité de leurs auteurs, soit par la date à laquelle elles ont été formulées.

Si les hommes de troupe, grisés par la facilité apparente de leurs premiers succès, ont pu au début mettre en doute la force de résistance de leurs adversaires, ces illusions ne semblent pas avoir été partagées longtemps par les États-majors. Sven Hedin, qui y fait sa tournée au milieu de septembre, nous donne de précieux témoignages de ce nouvel état d'esprit : « Les soldats français, lui dit-on, vont à la mort sans sourciller et, sous le feu des mitrailleuses, tombent sans reculer d'un pas... Il n'y a pas de mots pour caractériser leur bravoure et leur héroïque mépris de la mort. » Le général de Winckler, commandant de la deuxième division de la Garde, salue en eux « les dignes adversaires des premiers soldats du monde ». Quant à leur généralissime Joffre, « il n'y a sur lui qu'une voix dans toute l'armée allemande : c'est un grand, un génial chef d'armée [1] ».

Ce n'est pas seulement dans le combat qu'ils forcent l'admiration. Leurs prisonniers frappent le général Bernhard, chargé de les interroger, par la dignité de leur attitude, la politesse et la précision de leurs réponses, leur promptitude à deviner, pour leur en donner le titre, le grade de leurs interlocuteurs ; le vieil esprit militaire et les traditions de courtoisie de leur race se marquent dans leur empressement à saluer avec correction les officiers allemands. Voilà donc un témoignage autorisé qui nous repose des caricatures tracées par la fantaisie des civils où des journalistes [2]. Quant aux blessés captifs, le médecin chef de la

1. SVEN HEDIN, pp. 44, 64, 122, 258, 414, 149.
2. SVEN HEDIN, pp. 94, 122.

grande ambulance d'Éclisfontaines, d'accord
avec tous ses collègues, ne tarit pas en éloges
sur leur compte : ils montrent une résignation exemplaire devant la douleur, attendent
avec une infinie patience le moment d'être
pansés, et quand leur tour vient, le cèdent
volontairement à leurs camarades plus dangereusement atteints [1].

Au lendemain de la Marne, l'impression
dominante en haut lieu semble donc la surprise
de voir se révéler tout à coup comme formidable un adversaire dont on avait prématuré-
ment escompté les faiblesses. Par la suite, ce
sentiment se précise en s'étendant, descend peu
à peu des États-majors dans les corps de troupe,
et se renforce de tous les démentis qu'une
cruelle expérience apporte aux illusions du
début.

C'est d'abord une première déception que de
découvrir chez les Français ces vertus de résistance qui semblaient étrangères à leur nature.
Au mois d'août pourtant, elles s'étaient déjà
manifestées par la défense héroïque de Longwy
(et plus tard de Maubeuge) comme par l'acharnement de la lutte qu'avait dû soutenir l'armée
saxonne pour forcer les passages de la Meuse.
La bataille de la Marne aurait représenté pour
les combattants allemands un avertissement
plus sérieux encore si le sens général ne leur

1. SVEN HEDIN, p. 109.

en avait échappé, et s'ils y avaient vu autre chose que l'effet passager d'une retraite stratégique. La révélation définitive de la ténacité française leur est apportée par quelques épisodes saillants de cet ensemble de combats qu'ils livrèrent en France en septembre et en octobre, lors de leur dernier effort pour rompre le front adverse, continuer la guerre de mouvement et conserver l'initiative des opérations. La prise du Camp des Romains, la bataille de l'Argonne et l'assaut de Chevillecourt, près de Vic-sur-Aisne, trois faits d'armes dont les détails sont restés assez mal connus en France, semblent avoir surtout produit sur eux une profonde impression.

Au Camp des Romains, la grosse artillerie, battant sans relâche pendant deux jours les abords du fort, en avait nivelé les défenses extérieures, tandis que les installations en étaient bouleversées par une énorme pièce de 420, dont le tir, réglé par un ballon captif, avait mis dans le but dès le troisième coup. Le soir du 24 septembre, l'infanterie destinée à l'assaut pouvait impunément s'établir jusqu'à 70 mètres de l'enceinte. La situation de la garnison semblait dès ce moment désespérée, mais son courage n'en était pas affaibli. Le 25, à cinq heures du matin, les fantassins bavarois du 11e régiment descendirent par la contrescarpe dans le fossé ruiné par leur artillerie, croyant n'avoir qu'à le traverser sans obstacle. Ils rencontrent au contraire une résistance acharnée de la part des défenseurs, retranchés dans les caponnières et les casemates. Il faut pour en triompher « enfumer littéralement l'ennemi dans ses trous », où des équipes de pionniers jettent sans cesse des torches, des grenades à main et des bombes incendiaires. La fusillade ne s'éteignant pas, on doit recourir à l'intervention d'un régiment frais, le 6e, jusqu'alors tenu en réserve. La lutte devenait dès lors trop inégale pour ne pas aboutir à un massacre inutile : le commandant se résigne à capituler, après avoir perdu plus de 300 hommes sur 800. Lorsque les Bavarois pénètrent enfin dans le fort, ils en trouvent l'intérieur comme bouleversé par un tremblement de terre, transformé en une gigantesque écumoire par les cratères que les projectiles des 420 ont ouverts dans le sol. Parmi les soldats français, beaucoup portent au visage ou aux mains d'affreuses plaies jaunâtres occasionnées par des brûlures. Tout dans ce spectacle atteste qu'ils ont lutté jusqu'à la limite extrême des forces humaines. Dans l'après-midi, les « vainqueurs », qui n'avaient pu leur refuser les honneurs de la guerre, se rangent sur la route de Saint-Mihiel pour assister à leur défilé[1].

A la même date et pendant tout le mois

1. KRACK, pp. 66-67. Cf. dans ROSNER, *Der Drahtverbau*, pp. 45-52, une description des ruines du fort un an après l'assaut.

d'octobre se livrent dans l'Argonne de durs combats pour la possession de Verdun. A parcourir les témoignages de ceux qui y ont pris part, on a l'impression que, bien avant le gros effort de 1916, l'État-major allemand espérait au début encercler et emporter facilement la place, au moyen d'actions de détail qui en feraient peu à peu tomber les abords. Mais les assauts quotidiens qu'il prescrit dans la région boisée de l'Argonne se heurtent à une résistance toujours renouvelée, et n'aboutissent qu'à des gains de terrain minuscules, payés par des sacrifices disproportionnés à leur importance, quand ils ne sont pas repris par une contre-attaque. Les soldats finissent par se lasser de ces entreprises infructueuses et l'un d'eux, amené par leur échec à d'utiles réflexions, laisse échapper cet aveu significatif : « En aucun cas, on ne doit déprécier ses ennemis, à plus forte raison quand il s'agit des Français : ceux-ci combattent, autant du moins que j'ai eu affaire à eux, jusqu'à la dernière goutte de leur sang[1] ».

A l'autre extrémité de l'immense champ de bataille et au terme de cette série de combats sanglants que l'on réunit sous le nom générique de « bataille de l'Aisne », les Allemands hasardent enfin, le 20 septembre, une dernière tentative pour rompre le front adverse et percer

---

1. *Der deutsche Krieg in Feldpostbriefen*, IV, p. 212.

vers Paris. Cette entreprise n'aboutit qu'à la prise du petit village de Chevillecourt, dont la défense, confiée au 63e Alpins, ainsi qu'aux 3e et 60e de ligne, représente un des épisodes de la campagne les plus honorables pour les armes françaises. Bien que la localité ait été préalablement écrasée sous les feux convergents d'une redoutable artillerie, les assaillants sont forcés de l'assiéger maison par maison, au prix de pertes douloureuses, et de livrer un combat de rues au cours duquel un colonel doit prendre un fusil en main et conduire lui-même ses hommes à l'assaut. Les officiers tombent comme des mouches, et l'un d'eux résume son impression en disant que le combat auquel il vient d'assister a été un « second Bazeilles ». Le seul résultat en a été de refouler les Alpins à 200 mètres du village, après une défense qui a épuisé et brisé la force offensive de leurs adversaires [1].

Sur tous les points de la ligne de feu, les troupes allemandes ont rencontré une résistance tellement acharnée qu'ils doivent renoncer à l'espoir de reprendre leur marche triomphale, interrompue par la bataille de la Marne ; la démonstration est désormais faite à leurs yeux des difficultés qu'elles auront à surmonter. A partir de ce moment, l'on ne conteste plus que les Français soient particulièrement redou-

---

1. *Der deutsche Krieg in Feldpostbriefen*, V, pp. 221-225.

tables dans la défensive. On cherche pourquoi et comment, et l'on en arrive à leur découvrir certaines supériorités qu'on leur avait trop légèrement contestées.

La première est celle de leur feu. Au début, l'on parlait presque avec pitié de la manière « misérable » dont ils tiraient : trop haut, en masse, sans viser, et d'ailleurs avec un fusil défectueux par son mécanisme à répétition [1]. De cruelles expériences viennent bientôt prouver qu'il ne faut pas voir là l'effet d'un manque de discipline, mais l'application d'une méthode particulièrement appropriée à la guerre de positions, et dont un officier qui en a éprouvé les effets explique en ces termes la raison d'être et l'efficacité : « Le fantassin allemand doit s'habituer au fameux *tir par rafales* des Français, qui lui paraît d'abord insolite. Ceux-ci, qui combattent le plus souvent par groupes, savent admirablement se cacher et s'enterrent volontiers dans des tranchées. Derrière cet abri, ils déchargent leurs armes tous ensemble et à l'improviste, et tirent plusieurs cartouches à la suite pour se replonger après dans le fossé. Au bout de quelques minutes, ils renouvellent ce manège. S'ils sont conduits ainsi à mal viser et à tirer trop haut, ce dernier inconvénient se tourne pour eux en avantage car — ainsi que nous en avons fait l'expérience dans chaque

1. *Ibid*, IV, pp. 44, 79, 103 ; Bülow, pp. 43, 110.

combat de cette guerre — ils atteignent souvent tout ce qui se trouve derrière la première
ligne : soutiens, réserves ou États-majors. Tout
le terrain en arrière de la chaîne des tirailleurs
se trouve pour ainsi dire balayé par les balles [1] ».
Il arrive ainsi que ces salves en rafales, si
désordonnées qu'elles paraissent au premier
abord, produisent des résultats plus meurtriers
que les méthodes de tir individuel en honneur
dans l'armée allemande.

En présence d'une forte attaque, les Français en recourent encore à une autre tactique,
qui a pour effet de déconcerter et d'éprouver
fortement les assaillants. Ils en laissent passer
le flot principal, retranchés ou dissimulés dans
des accidents de terrain, et dirigent ensuite par
derrière un feu roulant sur les colonnes d'assaut, principalement sur les troupes montées [2].
S'il convient de noter ici l'emploi de cette méthode de combat, c'est que lors des dernières
offensives de Flandre, on l'a entendu célébrer
comme une nouveauté et comme une ingénieuse
découverte de l'État-major allemand : il est curieux de constater que c'est simplement un
emprunt à l'expérience de l'adversaire.

Si les simples combattants n'ont pas encore
l'occasion ou la franchise de faire cette consta-

---

1. *Der deutsche Krieg in Feldpostbriefen*, V, pp. 54-55 ; Cf. *Ibid.*,
pp. 107, 112, 175, 263.
2. *Der deutsche Krieg in Feldpostbriefen*, V, p. 222.

tation, ils ne font en revanche nulle difficulté pour reconnaître la « maîtrise » de leur ennemi dans la « technique de la défense » c'est-à-dire l'art de la fortification de campagne. A les en croire, les Français excellent à construire et à improviser des retranchements assez adroitement recouverts de feuillage pour demeurer invisibles à l'œil le plus exercé, assez bien protégés par des réseaux de fils de fer ou des ouvrages de flanquement pour devenir inabordables, assez ingénieusement disposés pour maintenir toutes les voies d'accès sous le feu des mitrailleuses. Dans ces conditions, il est également malaisé de repérer et d'enlever leurs tranchées, et si l'on y parvient au prix de très lourds sacrifices, c'est pour en trouver en arrière de plus formidables encore. Nul ne les égale non plus dans l'art de transformer un humble village en une imprenable forteresse naturelle. Dans cet ordre d'idées, le fantassin allemand avoue franchement s'être mis à leur école, de même qu'il leur a emprunté l'idée et le modèle des cabanes en terre et en feuillage dont la fixation des fronts ne tarde pas à exiger la construction[1].

Ces qualités de débrouillage, si précieuses pour la défensive, sont enfin au service d'un

1. Wiese, p. 209 ; Kutscher, pp. 61, 173 et 236 ; Hoecker, p. 139 ; Sven Hedin, p. 57 ; Thümmler, XIII, pp. 24-27 ; *Der deutsche Krieg in Feldpostbriefen*, IV, pp. 85, 104, 108, 135 ; Gottberg, p. 52.

moral que rien ne peut réduire ou abattre. Un journaliste bavarois nous en cite un trait bien caractéristique, si l'on songe à la date où se place son récit : c'est en juin 1916, au moment le plus critique de la défense de Verdun, alors que la prise de Vaux avait amené les Allemands jusqu'à la dernière ligne fortifiée qui les séparait du corps de la place. Rencontrant un prisonnier capturé au bois de la Caillette, Queri lui annonce d'un ton de triomphe la chute du fort, et croit le désespérer par cette nouvelle : « Très bien, se contente de répondre l'autre. Et avez-vous pris aussi Souville ? » « Réponse typiquement française, commente Queri, et qu'on est destiné à entendre maintes fois encore avec la seule variante des noms de lieux. C'est ainsi que lorsque Douaumont tomba entre nos mains, on nous disait : « Eh bien ! et le fort de « Vaux » ? On s'irrite souvent, ne peut-il s'empêcher de conclure, de l'inébranlable optimisme des Français. Ne devrait-on pas plutôt l'admirer[1] ? » C'est à quoi ont fini par se résigner la plupart des combattants allemands.

Après avoir dû reconnaître à leurs adversaires une ténacité dans la résistance qui leur paraissait incompatible avec le caractère français, ils ont été plus longs à perdre une autre illusion qu'avaient fait naître dans leur esprit les succès de la première phase de la cam-

1. QUERI, pp. 95-96.

pagne[1]. Il leur aurait plu de pouvoir revendiquer
jusqu'au bout le monopole exclusif de cet « esprit d'offensive », de cette bravoure impétueuse
dont la manifestation la plus éclatante leur avait
toujours paru la pratique des attaques en masse,
à la baïonnette et en rangs serrés. Ils découvrent bientôt que cette prétendue supériorité
leur échappe. Dans l'Argonne, l'un d'eux avoue
n'avoir pu assister sans émotion au spectacle
d'un régiment de zouaves, aligné comme à la
parade, conduit par ses officiers agitant leurs
képis, s'élançant à l'assaut, au chant de la *Marseillaise*. Un soldat bavarois, au soir d'un combat sanglant dans la même région, doit avouer
que « les Français se sont battus comme des
héros et qu'il n'avait jamais vu un pareil mépris de la mort. C'est qu'eux aussi luttent pour
leur patrie[2] ». La même note admirative se retrouve sous la plume de Reinhardt, dont la batterie a eu à subir en Champagne (janvier 1915)
de furieux assauts d'infanterie : « Quelles attaques ! s'écrie-t-il. Ils nous devenaient presque
sympathiques, ces hommes sur lesquels le devoir nous commandait de tirer ! On les voyait,
signalés par un scintillement de baïonnettes,
sortir en masse de leurs tranchées, la plupart
penchés vers le sol, d'autres se redressant au

1. WIESE, pp. 194, 210 ; *Der deutsche Krieg in Feldpostbriefen*,
IV, p. 87.
2. THÜMMLER, XXIII, p. 18. Cf. WIESE, p. 162 ; *Der deutsche
Krieg in Feldpostbriefen*, IV, p. 198.

14

contraire, et se porter en avant avec une telle hardiesse, un tel élan, qu'à ce spectacle les observateurs allemands en retenaient leur respiration[1]. »

Cet éloge d'un adversaire loyal trouve enfin sa confirmation indirecte dans les commentaires malveillants ou les basses injures dont le nommé Rosner agrémente son récit de la grande offensive française de Champagne, en septembre 1915. Les troupes qui se précipitent à l'assaut des positions de Perthes-Tahure montrent une telle résolution que, pour éviter d'y rendre hommage, il cherche à l'expliquer, soit par l'ivresse alcoolique, soit par la folle illusion de trouver les tranchées allemandes anéanties avec leurs défenseurs. En tête de leur groupe, on vit un instant se profiler sur le gris livide du ciel la silhouette d'un major qui s'en allait de l'avant, sans sabre, la canne à la main, le képi renversé sur la nuque, avec la même assurance tranquille que « s'il se promenait au Bois de Boulogne ». La crânerie de cette attitude ne donne à Rosner que l'impression d'une pitoyable inconscience ou d'une insupportable présomption[2]. N'est-ce pas là, à deux siècles de distance, l'expression du même sentiment de dépit admiratif qui arrachait à Guillaume d'Orange sa fameuse apostrophe à

1. REINHARDT, p. 72.
2. ROSNER, *Der graue Ritter*, pp. 109-114.

l'adresse de la cavalerie française immobile sous les boulets : « Oh ! l'insolente nation ! »

Si les troupiers français montrent une telle intrépidité, c'est que leurs chefs leur donnent l'exemple. Le courage anonyme et collectif des uns se trouve rehaussé par certains traits d'héroïsme individuel que les Allemands ne peuvent s'empêcher d'admirer chez les autres. Dès le début de la campagne, Gottberg reconnaissait aux officiers ennemis le mérite d' « unir à une véritable entente des ruses de guerre la froideur d'une témérité parfois égarée et d'une folle audace » ; et il cite à l'appui de cette assertion quelques exemples caractéristiques. Lors des batailles devant Nancy, son régiment était en réserve à la lisière de la forêt de Champenoux, très attentif à cacher sa position aux observateurs de l'artillerie adverse. Pour la découvrir, deux lieutenants français viennent avec une vingtaine de leurs hommes se promener lentement à quelques pas du front et semblent s'offrir comme cible à l'habileté des tirailleurs ; l'un de ceux-ci ne peut résister à la tentation, un coup de fusil isolé devient le signal d'une décharge générale, presque toute la patrouille française est couchée par terre, mais ses chefs ont eu le temps d'envoyer à leurs batteries une communication téléphonique qui provoque l'envoi d'une pluie de shrapnells sur les abris allemands [1].

1. GOTTBERG, p. 49.

Une autre anecdote semble trop savoureuse pour que nous ne laissions pas à Gottberg le soin de la raconter : « Pendant nos pérégrinations à travers la Lorraine, dit-il, l'automobile d'un Etat-major tomba un jour entre les mains de l'ennemi. Deux officiers français, ayant endossé les vestes de cuir et les casquettes des chauffeurs, purent à loisir circuler au milieu de nos troupes, à la faveur des inscriptions allemandes que portait naturellement ce véhicule. Ce sont là des traits qu'un adversaire enregistre avec un peu de déplaisir, mais qu'il doit saluer d'un sourire admiratif[1]. » Plus loin enfin, le même auteur illustre encore sa remarque par un épisode émouvant et peu connu de la bataille de l'Yser. Comme ses hommes venaient de passer ce fleuve et couvraient d'une nappe de balles la plaine marécageuse qui les séparait de la voie ferrée Nieuport-Dixmude, principale position ennemie, ils virent avec stupéfaction une automobile isolée s'avancer jusqu'à 400 mètres de leurs lignes. Un homme en descend qui grimpe sous leur feu à un arbre voisin et dirige ses jumelles de leur côté. C'était un officier ennemi venu pour reconnaître et signaler à son artillerie l'emplacement des pontons jetés sur l'Yser. Un coup de fusil d'une précision inattendue vient l'abattre, ainsi que son compagnon, sur

---

1. GOTTBERG, p. 50.

la chaussée, où l'on retrouve le lendemain leurs cadavres. Son sort inspire à Gottberg cette courte oraison funèbre : « Quelle belle et pure fin de héros pour deux braves[1] ! »

D'autres officiers, épargnés par les balles ennemies, mais inconsolables de la défaite, vont d'eux-mêmes au-devant d'une mort dont le stoïcisme évoque certains souvenirs de l'antiquité classique. Tel, ce commandant du fort des Ayvelles qui se fait sauter la cervelle pour échapper à l'extrémité d'une capitulation devenue inévitable depuis que la grosse artillerie a écrasé les abris où s'était réfugiée la garnison. Et cet exemple n'est pas isolé. A la bataille de Morhange, près de Vergaville, un major, voyant son bataillon fléchir, se tire un coup de pistolet sur le revers d'un fossé. Lors du passage de l'Aisne par les troupes saxonnes (30 août 1914), les éclaireurs trouvent les cadavres de deux colonels qui semblent avoir succombé à la même crise de désespoir patriotique[2].

Dans l'armée française elle-même, certaines armes ou certains corps de troupe se sont imposés plus particulièrement à l'attention de l'ennemi : et en première ligne son artillerie, pour laquelle il éprouve un respect proportionné aux pertes qu'elle lui a fait éprouver.

1. GOTTBERG, p. 123.
2. GANGHOFER, p. 94 ; THÜMMLER, VIII, p. 8 ; *Unser Vormarsch bis zur Marne*, p. 61.

Tout au début, Sven Hedin notait déjà que les quatre cinquièmes des blessures soignées dans les ambulances étaient dues au feu des canons français, dont les effets auraient été « simplement effroyables » si tous leurs projectiles avaient éclaté [1]. Il faut croire qu'un remède a été promptement trouvé à cette infériorité, sans même qu'il soit besoin de le chercher dans le concours de l'industrie américaine ; car, dès le 12 octobre, un jeune aviateur hessois, en station devant Reims, fait à un parent cet aveu dépouillé d'artifice : « Les Français ont vraisemblablement fait leur apprentissage : leur artillerie de campagne est en général excellente et franchement supérieure à la nôtre [2]. »

Cette constatation résume en une formule brutale l'impression générale que traduit sous des formes diverses la foule anonyme des combattants. « Artillerie meurtrière » et « extrêmement mobile », « précision mathématique, fabuleuse », « efficacité de tir colossale », « pointage brillant », « tir de barrage grandiose », «infâme ligne de feu », « il pleuvait littéralement des shrapnells », telles sont les expressions qui reviennent à chaque instant dans leurs récits et qu'ils justifient par des exemples ou des anecdotes caractéristiques. Ici c'est une batterie allemande dont tous les

1. SVEN HEDIN, p. 244.
2. WIESE, p. 168.

servants sont tués par les obus avant d'avoir
pu se servir eux-mêmes de leurs pièces ; plus
loin, une troupe d'infanterie condamnée à rester des journées entières immobile, l'avance
et le recul lui étant rendus impossibles par d'in-
franchissables tirs d'interdiction ; ailleurs des
groupes isolés qui ne peuvent, ni sortir des
tranchées sans être anéantis, ni faire un mouvement sans se voir encadrés et suivis par des
shrapnells ; partout des canons ennemis si bien
cachés qu'ils deviennent impossibles à repérer,
disposant de munitions inépuisables et en-
voyant sur tout ce qui bouge devant eux une
véritable pluie de projectiles, moins redoutables
encore par leur pénétration que par le formidable déplacement d'air qu'ils provoquent [1].

Cette supériorité de tir paraît tellement gênante à l'amour-propre des Allemands qu'ils
veulent à toute force y trouver des explications
étrangères aux bonnes méthodes de l'arme
comme à l'entraînement du personnel. Tantôt
un hasard malheureux a placé le terrain de la
lutte sur un ancien champ d'exercices, où toutes
les distances étaient repérées dès le temps de
paix. Il faut supposer alors que la France septen-
trionale aurait été transformée en un immense
et unique champ de tir, car partout l'artillerie

1. *Der deutsche Krieg in Feldpostbriefen*, I, p. 159 ; IV, pp. 22,
28, 43, 79, 80, 186, 202 ; KUTSCHER, pp. 66, 238 ; THÜMMLER, XIX,
p. 20 ; II, p. 21 ; IX, p. 21 ; MARSCHNER, p. 60 ; GANGHOFER,
p. 203.

ennemie montre la même précision. Tantôt ce seraient les habitants français des villages situés sur la ligne de feu qui signaleraient à leur armée les positions allemandes au moyen de téléphones souterrains ou de signaux lumineux ; si absurde que paraisse l'accusation, elle est partout reproduite comme un refrain et elle a servi de prétexte à ces honteuses razzias de populations innocentes qui, après tant d'autres attentats au droit des gens, représentent une nouvelle tache sur l'honneur des troupes impériales [1].

Les Alpins partagent avec les artilleurs le privilège d'avoir été spécialement distingués par leur adversaire. Est-ce l'effet de leur tactique, le pittoresque de leur costume ou le prestige de leurs montagnes qui frappe l'imagination ? Toujours est-il que leur présence est signalée partout où l'ennemi rencontre une résistance particulièrement tenace, et que dans ses récits, les épithètes de « troupes d'élite » (*kerntruppen*) et de « meilleures troupes de France » alternent pour les désigner avec le sobriquet de « chats sauvages » (*wildkatzen*) que leur a valu leur agilité [2]. Ce qui les rend en effet particulièrement redoutables et ce qui,

1. *Der deutsche Krieg in Feldpostbriefen*, IV, pp. 21, 82, 103, 191 ; MARSCHNER, p. 60 ; KUTSCHER, p. 66.

2. On ne trouve par contre nulle trace dans les récits allemands de ce surnom de « diables bleus » qui, d'après la légende, leur serait donné par leurs adversaires.

en Argonne et dans les Vosges notamment, a contribué à les entourer d'une véritable légende, c'est leur habileté à grimper sur les arbres, d'où, cachés dans le feuillage, ils dirigent sur les assaillants un feu rapide et plongeant, de la plus meurtrière précision. Déconcertés par une manière de combattre si étrangère à leurs méthodes de dressage comme à leur pauvreté d'imagination, les soldats allemands ne seraient pas éloignés d'y voir une ruse diabolique, presque contraire aux lois de la guerre. Ils n'éprouvent pas un respect moins superstitieux pour ces « infâmes » pièces de montagne (*Eselskanonen*) qui, portées à dos de mulets sur les positions les plus inaccessibles, projettent sur l'infanterie ennemie une pluie de petits obus et s'éloignent avant même qu'il ait été possible de découvrir leur emplacement [1].

Bien qu'elle prenne parfois une forme un peu obsédante, cette admiration pour les fantassins et canonniers alpins n'est toutefois pas exclusive. On reconnaît la bravoure des zouaves, que d'ailleurs leur uniforme bigarré fait trop souvent confondre avec les troupes noires ou indigènes; on rend en passant un juste hommage à la valeur militaire des « bleuets » ou colo-

1. *Der deutsche Krieg in Feldposlbriefen*, IV, pp. 103, 120, 143, 159 ; WIESE, pp. 12, 17, 39, 115; KRACK, p. 119 ; THÜMMLER, II, p. 30; IX, p. 5 ; XV, pp. 3, 25 ; XXVIII, p. 13; BÜLOW, p. 98 ; VON MOSER, p. 27.

niaux « ces rudes soldats qui ont combattu et
entendu siffler les balles à Tunis et à Alger (?),
au Maroc et au Dahomey [1] » ; on maudit les
aviateurs, dont le service d'exploration semble
parfait, et dont plus d'un mérite par ses
prouesses l'épithète flatteuse de « *schneidiger
Kerl* [2] », c'est-à-dire de gaillard qui n'a pas froid
aux yeux ; on parle avec éloge de la cavalerie,
composée — suprême louange — de « beaux
gars selon le type prussien ». — Des hommes,
le revirement d'opinion qui se dessine dans les
esprits ne tarde pas à s'étendre aux choses
elles-mêmes : et notamment à l'équipement
français, si décrié au début comme ridicule et
suranné. Lors de la marche précipitée du corps
saxon de la Belgique à la Marne, beaucoup de
soldats, ayant perdu ou détérioré leurs bottes
neuves, sont très heureux de les remplacer par
des brodequins d'ordonnance trouvés dans des
sacs français abandonnés ; ils les adoptent ensuite comme pratiques et légers, bien appro-
priés à leur usage, et commencent à se demander s'il ne faut pas traiter de légende les informations qu'ils ont lues dans leurs journaux
sur l'état d'impréparation de l'adversaire [3]. —
Quand on fait la somme de ces involontaires
éloges de détail, adressés dans telle ou telle

1. Bülow, p. 75.
2. Krack, p. 77 ; Thümmler, XXX, p. 7 ; *Der deutsche Krieg
in Feldpostbriefen*, V, p. 335.
3. *Unser Vormarsch bis zur Marne*, p. 61.

occasion à l'armée française, que reste-t-il de
la condamnation sommaire prononcée contre
elle au début des hostilités ?

Avant de quitter ce sujet, il n'est peut-être
pas inutile de le compléter par une dernière
recherche, dont l'intérêt est surtout anecdo-
tique. La guerre actuelle a vu naître, pour désigner les soldats des armées en présence, un
certain nombre de ces sobriquets familiers, de
ces expressions concises et imagées, qui de
la langue des camps sont passées peu à peu
dans celle du peuple. C'est ainsi que nos troupiers, en s'intitulant eux-mêmes des « poilus »,
n'appliquent plus à leurs adversaires que cette
appellation de « Boches » dont la fortune a été
aussi rapide dans le monde que l'emploi en
semble pénible à l'amour-propre germanique.
Leur curiosité serait déçue s'ils cherchaient à
savoir comment eux-mêmes sont surnommés
dans les lettres du front allemandes. L'aspect
exotique de leurs auxiliaires indigènes a donné
lieu sans doute à de faciles plaisanteries berlinoises sur « les figurants du théâtre des singes,
les masques, la ménagerie d'Hagenbeck[1] ».
Mais eux-mêmes ne semblent avoir inspiré aucune de ces formules expressives qui frappent
l'oreille et se gravent dans les mémoires. Tout
au plus sont-ils baptisés parfois les « Tuhlö-
mong » par ces mêmes Bavarois qui, sur la foi

---

1. HEGELER, p. 65.

sans doute d'un prisonnier facétieux, s'imaginent être appelés en France les « lions de Bavière[1] » ; ce vocable bizarre n'est d'ailleurs que la transcription pour les gosiers tudesques du commandement de « Tout le monde en avant », souvent entendu dans les tranchées adverses[2]. La trouvaille représente peut-être le chef-d'œuvre de l'humour munichois, mais n'a pas dû coûter à ses auteurs un grand effort d'imagination. Parmi toutes les supériorités auxquelles il prétend, il sera difficile au peuple allemand de faire figurer celle de l'esprit et de la fantaisie.

1. QUERI, p. 5.
2. KUTSCHER, p. 259 ; GANGHOFER, p. 100.

VI

LES RESPONSABILITÉS DE LA GUERRE

L'expérience de la guerre a peu à peu modifié, comme on vient de le voir, l'idée que les combattants allemands se faisaient d'abord de leurs adversaires ? Leur a-t-elle fait apporter des retouches aussi importantes au portrait flatté qu'ils nous avaient tracé de leur peuple et de leur armée ? Lorsqu'on cherche dans leurs témoignages une réponse à cette question, on retrouve le même contraste que précédemment entre les réalités et leurs prétentions, entre ce qu'ils disent et ce qu'ils pensent, entre ce qu'ils voudraient nous faire croire et ce qu'ils nous amènent à conclure.

Ils se sont évertués d'abord à se représenter comme convaincus d'avoir été forcés à prendre les armes par une injuste agression. Étaient-il sincères en tenant ce langage ? Se sont-ils trompés eux-mêmes on ont-ils cherché à tromper les autres ? Cette question des responsabilités de la guerre leur est moins indifférente qu'ils n'affectaient de le proclamer au début, et elle a pris peu à peu dans leurs esprits une importance proportionnée au déclin de leurs premières espérances de prompte victoire. Il n'est pas inutile d'y insister, même au prix d'une courte digression, ne fût-ce que pour verser au débat quelques pièces nouvelles et pour compléter une démonstration qui ne saurait être trop achevée.

Dans les derniers mois de 1915, un directeur de gymnase prussien, le docteur Mackel, faisait imprimer et répandre à profusion dans les pays neutres une brochure de circonstance qui représente un des plus curieux documents psychologiques de la propagande germanique. Elle portait ce titre sensationnel : *Pourquoi les Allemands sont-ils détestés ?* surmontant un point d'interrogation monumental[1]. L'auteur y déplorait, pour travailler ensuite à en rechercher les causes, l'universelle animosité dont il voyait ses compatriotes entourés en Europe, et dans laquelle il n'était pas éloigné de trouver, comme le maréchal von der Goltz, une « inexplicable énigme morale ». Après avoir constaté partout autour de son pays l'existence de ce sentiment, il s'écriait dans un accès de comique indignation : « La haine dont nous sommes l'objet peut avoir deux causes : notre

---

1. Dr MACKEL, *Warum sind die Deutschen so verhasst ?* Berlin, Westermann, 1915.

conduite ou notre manière d'être. Notre conduite ! Si nous faisions notre examen de conscience comme en présence d'un confesseur, nous ne pourrions que secouer négativement la tête et répéter toujours : « Qu'il se présente, « celui de nos ennemis qui pourra nous accuser « d'avoir convoité une parcelle de son territoire « ou de ses biens ! Nous n'avons fait que travail- « ler, édifier des fabriques, produire des mar- « chandises et chercher des clients pour les « écouler : c'est-à-dire nourrir les mêmes ambi- « tions que les peuples réputés les plus mo- « dérés [1] ! »

Le docteur Mackel a l'apostrophe facile, mais la mémoire courte. Il n'est pas malaisé de trouver, dans les rangs mêmes de ses concitoyens, ce contradicteur imaginaire qu'il défie de venir démentir ses audacieuses assertions. On pourrait d'abord lui opposer, s'il n'était fondé à récuser ces témoignages en raison de leur date, toutes les manifestations annexionnistes qui, depuis l'ouverture des hostilités, se sont en Allemagne multipliées en nombre suffisant pour fournir matière à un énorme et récent volume [2]. Si l'on remonte à la période antérieure à la guerre, on aimerait à savoir quelles protestations a soulevées chez des gens qu'on veut nous représenter comme des mo-

1. MACKEL, p. 10.
2. S. GRUMBACH, *l'Allemagne annexionniste*. Paris, Payot, 1917.

dèles de désintéressement une brochure-manifeste parue en 1887, au moment de l'affaire Schnaebelé, réimprimée en 1911, au lendemain d'Agadir, signée du nom de von Strantz, bien connu dans l'armée prussienne, et portant, à l'adresse des Français, un titre dont la clarté ne laissait rien à désirer : *Vous voulez recouvrer l'Alsace-Lorraine ? Nous vous reprendrons la Lorraine tout entière et plus encore*[1]. Au nom de l'histoire et même de la géographie, l'auteur y réclamait pour son pays, comme ayant fait autrefois partie du Saint-Empire et comme habitées par des populations germaniques, non seulement la Belgique et la Suisse, mais encore la Flandre et la Lorraine française, l'Artois et la Franche-Comté !

Le docteur Mackel pourrait répondre, il est vrai, selon la tactique habituelle des polémistes de Berlin, qu'il s'agit là d'une opinion individuelle et d'un rêve de mégalomanie répudié par les masses, et qu'enfin les seuls projets annexionnistes dont il soit légitime d'affirmer l'existence sont ceux qui ont reçu au moins un commencement d'exécution. C'est là une condition à laquelle permet heureusement de satisfaire l'aveu cynique risqué par un des pontifes du pangermanisme officiel, le docteur Wirth, privat-docent à l'Université de Munich ;

---

1. *Ihr wollt Elsass und Lothringen ? Wir nehmen ganz Lothringen und mehr*, par Kurd von Strantz. Berlin, librairie Politik, 1912.

dans un opuscule où il examinait, deux ans avant la guerre, le passé et l'avenir de la politique extérieure allemande [1], il s'indignait de l'avoir vue manquer, faute d'audace, beaucoup de bonnes occasions : « Au Brésil, disait-il, au Maroc, en Turquie, notre amour de la paix ne nous a conduits à rien. Je sais que l'occasion s'est présentée de prendre pied au Brésil. C'était autrefois, en 1889. Un certain nombre d'officiers allemands y allèrent alors, avec le plan de conquérir ce pays, qui se débattait à ce moment dans les affres de la guerre civile (il m'est interdit de citer mes sources). C'était alors possible. Aujourd'hui tout cela appartient au passé. Toutefois aucun projet, surtout en matière politique, ne doit être condamné comme absolument impraticable. C'est une affaire de circonstance. Le même coup de force qui échoue aujourd'hui peut réussir demain [2]. » Après avoir pris connaissance de cette compromettante révélation, qui appelle un involontaire rapprochement avec l'attitude du Brésil dans la guerre actuelle, il ne reste qu'à renvoyer dos à dos le docteur Mackel et le docteur Wirth, en les priant de s'entendre d'abord sur le sens qu'ils attachent aux mots de désintéressement et de modération.

---

1. Dʳ ALBRECHT WIRTH, *Unsere Aeussere Politik.* Munich, Hans Sachs, 1912.

2. ALBRECHT WIRTH, p. 5.

Des textes comme ceux que l'on vient de citer, et qui mériteraient d'être plus connus en France, semblent de nature à faire accueillir avec quelque défiance les protestations des combattants allemands sur la sainteté de la guerre défensive à laquelle ils auraient été contraints. Eux-mêmes, d'ailleurs, semblent en avoir conscience, car leur premier soin en arrivant en terre ennemie semble être de plaider la cause de leur pays auprès des populations avec lesquelles l'invasion les met en contact. On trouve dans les souvenirs de Biernatzki un bien curieux témoignage de cet état d'esprit. Lorsqu'il arrive dans un nouveau quartier, il s'efforce tout d'abord de se concilier la bienveillance de ses hôtes en les éclairant sur les responsabilités de la guerre. Il leur débite à cet effet un petit discours qu'il a préparé à grand'peine, en un français approximatif, et dont voici le texte, tel que lui-même le reproduit : « *Que Guillaume II notre empereur n'a pas voulu la guerre. Il a tâché d'affirmer la paix. Il a télégraphié au Czar en Russie et celui-ci a répondu qu'il veuille aussi la paix. Mais en même temps, le ministre russe a donné l'ordre à mobiliser toute l'armée, territoire et maritime. Là nous sommes forcés à nous défendre. C'est un malheur pour vous* [1]. »

Cette explication des origines de la guerre

---

1. Biernatzky, p. 65.

représente évidemment la version que les soldats allemands ont reçue de leur gouvernement et que les moins éclairés d'entre eux ont
pu adopter de bonne foi. Pourquoi faut-il que
notre confiance en la sincérité de leur conviction soit aussitôt ébranlée par la phrase de
commentaire dont Biernatzky accompagne la
reproduction de son plaidoyer : « Quelle part
de vérité ou d'erreur il contient, c'est là ce qui
m'est bien égal ». On rapproche instinctive-
ment l'expression de ce scepticisme de la question que soulève dans l'esprit d'un étudiant
l'aspect des premiers champs de bataille :
« Aujourd'hui comme avant, l'absurdité de
cette réciproque effusion de sang m'apparaît
comme une terrible énigme »; et, dans l'embarras d'en trouver la clef, il s'en remet pour la
résoudre à la fatalité du destin[1]. Est-ce là le
langage d'un homme assuré de combattre pour
l'existence même de sa patrie ? Éprouverait-il
ces doutes si la justice de la cause allemande
s'imposait à tous avec la même évidence ?

D'autres réflexions rendent d'ailleurs un son
fort clair et tout différent. En énumérant les
raisons de sa foi dans l'issue finale de la lutte,
Kutscher place au premier rang cette considération que « nous savons pourquoi nous nous
battons : c'est pour la domination universelle
de la culture allemande, de l'esprit allemand,

---

1. WITKOP, p. 64.

dont l'heure a sonné de nouveau [1]. » Un officier reprend à son compte cette opinion d'un
intellectuel en citant le vieux proverbe : *An
deutschen Wesen soll die Welt genesen.* (C'est
au germanisme qu'il appartient d'assainir le
monde) [2]. Il ne s'agit déjà plus ici de défense,
mais de conquêtes morales, singulièrement inquiétantes d'ailleurs par l'esprit qui les inspire
et les conséquences qu'elles peuvent entraîner.

Bientôt apparaît dans les lettres du front
l'expression de convoitises toutes matérielles.
Quand un jeune matelot se déclare heureux de
combattre « pour la plus grande Allemagne [3] »,
quand un autre salue la nouvelle de la mobilisation par ce cri du cœur : « Vive Guillaume II, Empereur de l'Europe [4] ! » tous
deux prononcent-ils ces paroles au hasard et
font-ils autre chose que traduire sous une forme
concrète les sourdes aspirations qui obsèdent
les masses ? Plus tard, devant Verdun, les ob-
sèques d'un camarade enseveli sur le sol étranger inspirent à un soldat cette apostrophe patriotique : « O terre ! tu dois être bientôt —
et plus loin encore jusqu'à la Meuse — aussi
allemande que ma poitrine, car tu l'as déjà
été et tu dois le redevenir [5] ». Cette évocation

---

1. KUTSCHER, p. 22.
2. WIESE, p. 163.
3. THÜMMLER, II, p. 28.
4. THÜMMLER, II, p. 32.
5. *Der deutsche Krieg in Feldpostbriefen*, IV, p. 294.

des anciennes frontières du Saint-Empire nous entraîne déjà bien loin de la légende d'une Allemagne forcée de tirer l'épée pour protéger « ses biens les plus sacrés ». C'est enfin un étudiant qui, dans cette enquête, prononcera le mot de la fin, quand il exprimera en ces termes le regret de tomber peut-être avant le dénouement du drame engagé sous ses yeux : « Dans cette guerre, la solution s'appelle : être puissance mondiale ! Superbe perspective, mais sujet de tristesse pour celui auquel il ne sera pas donné d'en jouir [1] ! » Le fond de l'âme allemande nous est cette fois révélé dans cette phrase et le vernis de modération qui le recouvrait a craqué, dans ce cas comme dans les précédents, sous la poussée des instincts héréditaires de rapine et de domination.

1. WITKOP, p. 104.

VII

LE MORAL DE LA POPULATION ALLEMANDE

Après la pureté de leurs intentions pacifiques, ce que les auteurs de mémoires militaires allemands ont le plus à cœur de proclamer, c'est la résolution virile avec laquelle
leur peuple a accepté une guerre déclarée
contre son gré; c'est son exaltation patriotique, son esprit de sacrifice, sa confiance illimitée dans la valeur de son armée comme dans
l'issue de la lutte. Sur ce point encore, les
témoignages qu'ils apportent présentent parfois un contraste singulier avec l'optimisme
qu'ils affichent.

La véritable opinion publique d'un grand
pays ne trouve pas son expression la plus
fidèle dans les mouvements populaires des
villes, où l'enthousiasme factice de quelques
meneurs bruyants suffit à entraîner les foules.
Elle se manifeste dans les couches profondes
du peuple par les sentiments et les réflexions
que les grands événements inspirent aux habi-

tants des bourgs et des campagnes. Pour reconstituer la physionomie de l'Allemagne rurale lors de la déclaration de guerre, nous ne saurions trouver de meilleur guide que la série de notes où le pasteur d'une petite localité du Wurtemberg retrace jour par jour et presque heure par heure, en une série de tableaux familiers qui rappellent la manière d'Erckmann-Chatrian, les scènes dont il a été le témoin au cours de cette période tragique[1].

Dans l'après-midi du 31 juillet (cette date est à retenir, comme antérieure d'un jour à celle de la mobilisation française), il déclare avoir vécu « l'heure la plus terrible de sa vie ». Appelé à sa fenêtre par le son perçant du clairon des pompiers, il voit l'agent de police communal, dont la figure bonasse est empreinte d'une pâleur cadavérique, s'arrêter au milieu de la rue, déployer lentement un papier qui tremble entre ses mains et lire, d'une voix si éteinte que les sons semblent rester accrochés dans sa gorge, la formule fatidique : « Par ordre de S. M. l'empereur et Roi, l'état de danger de guerre (*Kriegsgefahrzustand*) est proclamé. »

La première impression des assistants n'a rien d'héroïque. Tandis que les enfants ouvrent de grands yeux sans comprendre, les femmes sortent en hâte des maisons. « Mon Dieu, mon mari part le premier jour ! » soupire l'une

1. Cf. plus haut p. 47.

d'elles. Les centaines de personnes que la grande nouvelle a attirées dans la rue gardent un silence de mort.

Le *Kriegsgefahrzustand* n'est toutefois que le prélude de la mobilisation proprement dite et ne suppose pas nécessairement une déclaration de guerre. Aussi le lendemain 1er août subsiste-t-il une lueur d'espoir dans une solution pacifique. L'anxiété est fébrile dans la petite ville, dont les rues, si tranquilles d'ordinaire, sont sillonnées d'autant d'autos que « les boulevards de Paris ». Déjà l'on voit sortir des armoires des uniformes démodés, et apparaître sur la tête des vieux officiers de landwehr des casquettes qui semblent dater de 1870. Malgré cette évocation des luttes passées, les esprits se raccrochent à des nouvelles fantastiques, dont le crédit trahit leur désarroi : « Les Japonais menacent la Russie de la guerre. Le Tsar a demandé un délai pour réfléchir. L'Angleterre offre sa médiation. »

Rien toutefois ne semble plus devoir arrêter le cours fatal des événements. Dans la soirée, deux jeunes gens traversent la place en criant : « La mobilisation est ordonnée ! Nous l'avons appris au bureau de recrutement (*Bezirkzkommando*). » L'on se précipite dans l'étroite ruelle où siège ce bureau et l'on y trouve le sous-officier de service répondant avec un sourire nerveux aux gens qui le pressent de questions : « Oui, c'est la mobilisation depuis six heures.

Dans cinq minutes toute la ville le saura. » De fait, la nouvelle se répand comme une traînée de poudre parmi les habitants sortis en foule de leurs logis. Partout des visages pâles et même des physionomies sombres. Un homme laisse échapper cette supplication : « Que Dieu ait pitié de l'Allemagne ! » Un autre s'écrie avec un haussement d'épaules : « Plutôt la mobilisation que cet état d'éternelle tension qui finissait par faire perdre l'entendement ! — Vous avez raison, lui répond un troisième. Il s'agit pour l'Allemagne de défendre sa peau ! » D'après le pasteur, c'est la première parole virile qu'il ait encore entendue. Mais autour de lui subsiste encore ce silence impressionnant qui l'avait frappé comme caractéristique de la situation.

L'enthousiasme n'est pas moins long à s'éveiller dans les rangs des landwehriens convoqués à la place d'armes voisine de Heilbronn. Ils passent les journées des 7 et 8 août dans la cour de la caserne, où ils doivent recevoir leurs armes et leur équipement. Au témoignage de l'un d'eux, quelques-uns seulement se forment par groupes pour parler politique et discuter sur l'issue de la guerre ; mais la plupart se tiennent isolés, comme perdus dans leurs tristes pensées. Ils ne s'y arrachent que pour constater avec satisfaction la ponctualité qui préside aux opérations de l'armement. Leur assurance est toutefois trop précaire encore

pour les soustraire à tout retour de faiblesse.
Le dimanche suivant, lors du premier service
divin célébré devant le régiment assemblé,
une émotion poignante étreint les cœurs
lorsque le pasteur glisse dans son sermon une
assez lourde allusion au sort futur de ceux qui
l'écoutaient et dont beaucoup ne reviendraient
pas. A ces mots, « bien des larmes coulent en
cachette sur le visage de gens qui croyaient ne
plus savoir pleurer ».

Il ressort de ces détails que, si les populations
rurales ne partageaient pas toutes la folie belliqueuse de leurs dirigeants, elles ont connu
moins encore ce stoïcisme à la romaine, cette
allégresse dans le sacrifice dont les Allemands
voudraient tirer un argument pour la justice de
leur cause. C'est plus tard seulement, sous l'influence de la vie en commun, que les mobilisés
se laissent peu à peu gagner par les passions
guerrières. Encore certains d'entre eux, plus
nombreux qu'on ne le pense, y restent-ils rebelles et conservent-ils des doutes sur la grandeur de leur mission. Il en est deux surtout,
dont les étranges déclarations ont échappé aux
rigueurs de la censure et méritent d'être reproduites. Un étudiant, devenu officier de réserve et cantonné chez des Juifs de la Pologne
russe, s'étonne de les trouver indifférents au
drame qui se joue sous leurs yeux et sensibles
seulement aux événements domestiques qui ne
dépassent pas le cercle étroit de la famille. Et

il ajoute à ce propos : « Je crois qu'ils sont plus dans le vrai que nous, avec notre fierté, nos exploits et notre amour de la patrie. Car au-dessus de ces grands mouvements collectifs, il reste comme élément dernier et éternel la simple existence de l'homme comme père, époux ou fils. Tout le reste se détache de nous en son temps et tombe comme un voile. Je ne sais si un officier prussien devrait écrire ceci, mais ce sont là des pensées qui se présentent souvent à l'esprit [1]. »

C'est une note un peu différente, mais plus égoïste encore, que nous donne un autre étudiant, ancien élève de Kutscher à l'Université de Munich : « Après beaucoup d'allées et venues, écrit-il à son ancien maître, le sort a voulu que je fusse envoyé comme sous-officier au dépôt du 2e bavarois. J'y fais l'amère expérience que si, en théorie et *sub specie æterni*, la guerre possède de magnifiques vertus libératrices, c'est surtout une bien sinistre chose. Avant tout, mes nerfs se révoltent contre le militarisme. Dormir sur un sac de paille, avec des oreillers et des couvertures crasseuses, me répugne profondément [2]. » Et Kutscher, après avoir reproduit cette lettre, de s'indigner que l'on songe encore à ses aises, lorsque la patrie est en danger ! Rien ne serait sans doute plus

1. WITKOP, p. 95.
2. KUTSCHER, p. 155.

téméraire que de vouloir généraliser des exemples de ce genre ; ils montrent du moins que l'unanimité tant célébrée du patriotisme germanique comporte des exceptions.

S'il est vrai que l'ardeur ne s'en mesure pas à l'exaltation du succès, et que l'adversité soit nécessaire pour en éprouver la trempe, l'invasion de la Prusse Orientale, succédant presque immédiatement à l'ivresse guerrière du début, peut nous apporter de précieuses indications sur le degré de résistance morale du pays. Elle a offert à tous les témoins le spectacle de la plus honteuse panique et des scènes les plus pénibles pour leur amour-propre national. Elle a d'abord été facilitée par des actes de trahison que l'un d'eux déclare ne pouvoir rapporter sans que la rougeur lui monte au front. Près de Stallüponen, c'est un meunier qu'on fusille pour avoir fait des signaux aux Russes, au moyen des ailes de son moulin ; on l'y attache ensuite avec cette inscription : « Traître à sa patrie ». Près de Gumbinnen, c'est un aubergiste qui pratique l'espionnage au profit des ennemis, ou même un fonctionnaire qui reçoit d'eux 40.000 roubles pour prix de ses « services[1] ».

L'affaissement moral de la population ajoute à l'effet produit par ces défaillances individuelles. A la première apparition des cosaques

---

1. Wiese, p. 126.

dans les villages de la frontière, les routes se couvrent d'interminables caravanes de fuyards se précipitant vers les stations de chemin de fer pour y prendre d'assaut, à coups de poing, les trains en partance vers l'intérieur ; parmi eux, des gens sans scrupule profitent du désordre général pour piller les maisons abandonnées ou arracher leurs provisions de route à ceux qui en sont plus abondamment pourvus. La panique se propage jusqu'à Kœnigsberg, protégée pourtant contre une attaque éventuelle par la distance comme par de puissantes fortifications. On assiège la gare, chacun s'apprête à déménager et certains propriétaires prudents arborent même, dans l'attente des envahisseurs, des drapeaux blancs sur leurs maisons. Symptôme plus grave encore : dans presque toutes les localités évacuées, les autorités, les bourgmestres et les notables ont donné l'exemple de la fuite et abandonné à leur sort leurs administrés. Cette attitude est-elle celle d'un peuple qui se proclame supérieur à tous les revers et cuirassé contre toutes les surprises[1] ? Elle appelle en tous cas une instructive comparaison avec la fermeté d'âme dont ont fait preuve nos compatriotes du Nord dans des circonstances analogues, et donne une saveur particulière aux lourdes railleries de

1. THÜMMLER, I, p. 10 ; III, p. 21 ; VI, pp. 27-28 ; X, pp. 18-19 ; WIESE pp. 126-127 ; *Was ich in mehr als 80 Schlachten erlebte*, p. 199 seq.

Gottberg sur la fuite lamentable des Belges devant les armées allemandes.

Ce fâcheux épisode n'a d'ailleurs été que passager. Quand l'intervention de Hindenburg a définitivement écarté le spectre de l'invasion, l'opinion publique a-t-elle repris son assiette et retrouvé cette « inaltérable constance » dont ses apologistes officiels se plaisent à lui faire un mérite ? On pourrait en douter, à lire les multiples avertissements prodigués à ses concitoyens par Ganghofer, dont le livre semble d'ailleurs n'avoir pas d'autre objet que de tremper leur ressort moral. Toutes les fois que ses courses au front lui permettent quelque constatation optimiste, il ne manque jamais de la souligner comme propre, d'après lui, à apaiser cette « impatience nerveuse (*nervöse Ungeduld*) qui trop souvent s'égare en bavardages inconsidérés ou en appréciations d'une malveillance injuste sur l'armée et ses chefs[1] ». Ce n'est pas une fois, mais vingt fois que ces expressions reviennent sous sa plume, comme pour régler le rythme de sa prose. Reproduites avec cette insistance, ne ressemblent-elles pas singulièrement à un aveu ? Et l'auteur, d'autre part, n'a-t-il pas involontairement contribué à entretenir l'état d'esprit qu'il voulait combattre, lorsqu'il s'est aventuré à vouloir fixer un terme certain à la guerre : le onzième ou le douzième

---

1. GANGHOFER, p. 24 et *passim*.

mois, tout au plus. Quel a du être l'effet de ses prédictions ?

Le malaise de l'opinion germanique est accusé encore par le défaut de sens critique que révèle chez elle sa facilité à accepter sans contrôle les nouvelles les plus invraisemblables. C'est devenu pour les combattants allemands un lieu commun que de railler les mensonges ou les fanfaronnades qui représenteraient, à leur sens, une spécialité de la presse française ou belge : « On ne saurait se les imaginer, écrit l'un d'eux, si l'on ne les avait lues de ses yeux [1] ». Mais que dire alors de leurs propres journaux ? Le texte en paraît tellement « truqué et censuré », le langage empreint d'une telle exagération et d'un tel manque de dignité que la lecture en donne des nausées à Kutscher et porte sur les nerfs de ses compagnons d'armes : « Être arrêté ici devant Reims, ajoute-t-il pour citer un exemple, s'y voir canarder sans pouvoir répondre, avoir chaque jour une attaque à repousser... et lire ensuite en caractère gras dans les gazettes que Reims est tombée sans combat et qu'on y a fait un gros butin, c'est me demander bien plus que je n'en puis supporter [2]. »

Plus fantastiques encore apparaissent les nouvelles qui, sans être recueillies par les

1. *Der deutsche Krieg in Feldpostbriefen*, 1, p. 100.
2. Kutscher, pp. 113, 130, 182.

feuilles publiques, circulent dans les rangs de l'armée. La plus sensationnelle au début est la fameuse légende des automobiles françaises traversant l'Allemagne pour aller porter aux Russes des *milliards* en or. Une autre, moins répandue, mais non moins absurde, est celle dont le lieutenant de Bülow se fait l'écho lorsqu'il arrive à Sainte-Marie-aux-Mines, aussitôt après la mobilisation. On vient de trouver sur la crête des Vosges le cadavre d'un chasseur français du 10e bataillon, tombé lors des premières escarmouches. Et dans quel état ! « Avec un uniforme râpé et déchiré, un pantalon retenu par des ficelles, un havresac détérioré, attaché par des cordes, des souliers percés de trous, un fusil couvert de rouille et laissé dans un état d'incroyable abandon... mais avec une gourde pleine d'absinthe ». Et Bülow, qui accepte comme parole d'évangile cette description fantaisiste, de se demander si toute l'armée française est logée à la même enseigne [1] !

On aurait pu croire l'effort de l'imagination germanique épuisé par ces découvertes. Elles ne sont que le prélude d'une série d'autres fables que Kutscher note au passage et dont il dresse un répertoire des plus savoureux. En août, l'armée apprend successivement les déclarations de guerre de l'Italie à la France, des États-Unis et de la Hollande à l'Angleterre et

1. Bülow, p. 13.

plus tard de la Suède à la Russie ; la capture de
45.000 Français devant Metz, de 55.000, avec
105 canons à la bataille de l'Ourcq ; le suicide
du général Emmich à la suite des reproches
que lui auraient attirés, de la part de l'Empereur,
les pertes subies par son corps d'armée devant
Liége[1]. Encore ces bruits peuvent-ils s'expliquer par les désirs auxquels ils répondent.
Sans avoir la même excuse, d'autres relèvent
du domaine de la pure extravagance. Lors des
combats livrés sur le versant oriental des
Vosges, un naïf guerrier attribue la résistance acharnée qu'il rencontre à l'existence
d'un puissant système de tranchées, *établi en
pleine paix* et sur territoire allemand, dans une
forêt louée comme terrain de chasse par un
colonel français ; 3.000 hommes y auraient travaillé dès le 16 juillet (et même dès le mois de
mai, d'après un autre)[2]. On ne peut expliquer
l'énormité de cette assertion que par une inad-
vertance de l'auteur qui, en la reproduisant,
songeait sans doute aux carrières de Soissons.
Cette pensée semble du reste obséder ses
compagnons d'armes ; car l'un d'eux soutient
non moins sérieusement que les hauteurs bor-
dant la Marne ont été garnies *dès le mois de
mai* de canons de marine anglais sur plates-
formes bétonnées[3]. Dans les polémiques

1. KUTSCHER, pp. 11, 16, 42, 81.
2. THÜMMLER, VI, p. 8. Cf. V, p. 26.
3. *Der deutsche Krieg in Feldpostbriefen*, V, p. 314.

d'après guerre, il faut s'attendre sans doute à voir figurer ce canard parmi les « preuves » de la duplicité et de la préméditation britanniques.

La crédulité dont témoigne le succès de ces légendes peut sans doute faire sourire quand elle est le fait d'un peuple qui se prétend le plus intelligent de la terre ; elle doit être retenue aussi comme l'indice d'une confiance bien limitée dans la victoire. Quand on se croit si sûr de la réalité, on n'éprouve pas le besoin de se repaître de pareilles chimères. A passer en revue ces divers symptômes d'une même inconsistance d'opinion, l'on voit peu à peu la population allemande descendre de ce piédestal d'héroïsme où il lui plaisait de se hausser, et l'on ne peut s'empêcher de trouver une part de vérité dans cette boutade d'un grincheux qu'on félicitait un jour de vivre dans une « grande époque ».

« Grande époque ? réplique-t-il. Je ne vois autour de moi que petitesse d'esprit, soif de gain et labeur de l'effort [1]. »

1. Reinhardt, p. 95.

VIII

L'ARMÉE ALLEMANDE : LES FAIBLESSES MILITAIRES.

Plus encore que ceux de la population civile, les mérites de l'armée allemande ont été exaltés à l'envi par ceux qui ont pris part à ses luttes. Ils s'évertuent à la représenter comme sans rivale par son organisation matérielle et son excellent esprit. La renommée de perfection dont ils voudraient la parer résistera-t-elle mieux à un examen approfondi de leurs propres témoignages ?

On aurait mauvaise grâce sans doute à leur contester cette supériorité de préparation technique dont ils ont tiré avantage et nous citent mille preuves ; on peut regretter seulement qu'ils ne nous en aient pas donné une idée complète, en négligeant de nous laisser au moins entendre comment le travail de leurs espions avait préparé le succès de leurs armes. Sur ce sujet scabreux, ils se montrent naturellement fort discrets, mais pas assez pour éviter toute révélation compromettante. C'est ainsi que, d'après l'un d'eux, un général, en ce moment en activité à Metz, aurait obtenu, alors qu'il était encore simple lieutenant, un congé pour se rendre en France, s'y faire embaucher comme maçon et prendre part sous ce déguisement aux travaux de fortification exécutés à Paris et même à Verdun[1]. Ce simple détail, dont il convient de laisser la responsabilité à l'auteur, nous ouvre de singulières perspectives sur la continuité et les procédés de l'espionnage dont a souffert notre pays.

Après avoir rendu à l'organisation allemande l'hommage général qu'elle mérite, il sera permis de constater qu'elle s'est trouvée en défaut en plus d'une rencontre. Le cas s'est présenté d'abord pour le ravitaillement. Lorsque la compagnie de Kutscher arrive au camp d'Elsenborn (donc en territoire allemand), où elle doit se réunir aux autres troupes de la division, elle se trouve oubliée dans les distributions pendant une journée entière et n'échappe à la famine qu'au moyen des maigres achats faits à la cantine par ses officiers. « C'est une véritable honte, s'écrie à ce spectacle l'un de ces derniers. Si l'on veut avoir des soldats solides, qu'on les nourrisse au moins[2] ! » L'arrivée de cuisines roulantes de campagne vient fort à propos ranimer la confiance dans l'administra-

1. QUERI, pp. 61-62.
2. KUTSCHER, p. 23.

tion militaire et écarter, au moins pour un temps, le péril de l'inanition.

L'histoire de ces appareils n'est pas indifférente à rappeler en passant, parce qu'elle permet de montrer, par un exemple précis, et les inconvénients d'une trop minutieuse prévoyance, et les dangers de certains enthousiasmes prématurés. En quels termes lyriques n'a-t-on pas célébré, comme un chef-d'œuvre d'ingéniosité pratique, cette merveilleuse découverte de l'organisation allemande ! Quelles comparaisons dédaigneuses n'a-t-elle pas provoquées avec le dénuement de l'armée française, dont les soldats, arrivés à l'étape, doivent perdre une heure pour faire cuire leur soupe sur des foyers de fortune ! Un combattant qui a éprouvé les avantages des « canons à ragoût » (*Gulaschkanonen*) va même jusqu'à leur attribuer une part importante dans les premiers succès et soutient que leur existence a seule rendu possible la rapidité de l'invasion en Belgique et en France [1]. Pour mériter ces éloges dithyrambiques, il faudrait qu'ils eussent été assez nombreux pour être distribués à tous les corps de troupe et assez mobiles pour pouvoir les accompagner partout. Or, ils n'ont complètement satisfait à aucune de ces deux conditions. Après en avoir vainement réclamé à l'intendance, Gottberg a dû en improviser un

---

1. *Der deutsche Krieg in Feldpostbriefen*, V, p. 223.

pour ses hommes, en fixant sur des roues de charrette un vieux chaudron acheté à des paysans. D'autre part, et précisément dans les marches forcées du début, beaucoup de cuisines de campagne sont restées en arrière, de sorte que certains bataillons en ont été privés pendant plusieurs jours[1]. Après s'être habitués à se reposer sur elles du souci de leur nourriture, les soldats se sont trouvés beaucoup plus embarrassés de leur absence que s'ils étaient habitués à s'en passer. En voulant tout régler à l'avance, l'administration militaire est restée désarmée devant l'imprévu. La même observation peut s'appliquer au service de la poste de campagne, assuré en principe par des automobiles perfectionnées, mais qui fonctionne en fait d'une façon si défectueuse que, pendant tout le mois d'août, les combattants restent sans lettres des leurs et que leur moral finit par s'en ressentir[2].

Si l'on voulait imiter le parti pris avec lequel ils critiquent tout ce qui touche à l'armée adverse, l'on pourrait enregistrer encore à leur passif l'inexpérience de leurs artilleurs. Faute d'allonger à temps leur tir, ceux-ci cribleraient souvent de leurs obus leur propre infanterie, malgré les signaux destinés à leur

---

1. GOTTBERG, p. 24 ; MARSCHNER, p. 23 ; *Der deutsche Krieg in Feldpostbriefen*, V, p. 112.

2. THÜMMLER, XIV, p. 5 ; HŒCKER, pp. 43, 56, 67 ; *Der deutsche Krieg in Feldpostbriefen*, V, pp. 104 et 108.

signaler leur erreur. D'après Kutscher, le fait se serait notamment produit à la bataille de Saint-Quentin, où il aurait empêché l'exploitation des premiers succès et la poursuite de l'ennemi ; mais il s'est répété bien souvent depuis, à en juger par les plaintes qu'il a soulevées[1]. Peut-être d'ailleurs était-il impossible à éviter au début d'une campagne, en terrain inconnu, et avec la pratique du tir rapide. S'il convient de le relever, c'est en raison de la mauvaise foi qui représente ces défaillances techniques comme une spécialité de l'armée adverse. Reinhardt, par exemple, multiplie les expressions de sympathie ironique pour parler de fantassins français, « braves entre les braves », qu'il voit écrasés par le feu trop court de leurs propres canons, après avoir enlevé de haute lutte des tranchées de première ligne. Il aurait mieux fait de réserver sa compassion pour ses compagnons d'armes.

Le développement stratégique de la campagne n'a pas toujours été plus impeccable que le fonctionnement des services spéciaux de l'armée. A en croire ses apologistes, l'État-major impérial aurait étudié et prévu dans ses moindres détails la manœuvre « colossale » qui conduisit à l'invasion de la France du Nord ; à

1. KUTSCHER, p. 74 ; GOTTBERG, p. 59 ; *Was ich in mehr alsin 80 Schlachten erlebte*, p. 61 ; *Der deutsche Krieg in Feldpostbriefen* I. pp. 20 et 31.

2. REINHARDT, pp. 74 et 75.

regarder les choses de près, l'exécution de ce plan comporta bien des à-coups et fut loin de se dérouler avec la précision mathématique d'un mécanisme d'horlogerie. En bien des circonstances, la victoire fut incomplète, incertaine, fortuite, ou favorisée par les erreurs de l'adversaire. Il est à la fois consolant et instructif pour notre patriotisme de relever tous les aveux que nous trouvons à ce sujet dans les lettres et souvenirs des témoins des premières luttes.

Les opérations décisives commencent entre les 22 et 24 août avec cette série de combats qui s'engagent de la Sambre aux Vosges et qu'on a réunis sous le nom générique de « bataille de Charleroi ». A l'extrême gauche, un Bavarois qui prend part à la prise de Lunéville confesse que l'affaire s'engage « très défavorablement » pour sa brigade, lui cause de grosses pertes et ne peut être terminée que par le secours de puissants renforts [1]. A l'extrême droite, et devant Charleroi même, Kutscher éprouve des impressions analogues. La violence du feu ennemi l'ayant, à un moment donné, forcé d'ordonner un mouvement en arrière, il a grand'peine à empêcher ses hommes de courir ou de sauter au passage sur les caissons d'artillerie qui se replient au galop. Il prévient tant bien que mal une panique, mais avoue que

1. KRACK, p. 57.

la situation serait restée des plus critiques si l'arrivée du Xe corps sur le champ de bataille n'était venue rendre confiance à son monde, attirer les feux de l'artillerie française et amener une décision dont la promptitude a l'air de le surprendre lui-même [1]. Il ne faudrait certes pas exagérer la portée de pareils incidents ; ils montrent au moins que cette « armée de héros » dont parle Ganghofer, n'a pas été à l'abri des faiblesses humaines. Il s'en dégage également une observation que la suite de la guerre devait permettre de répéter souvent : c'est que, plus peut-être que leurs adversaires, les soldats allemands « ont besoin d'être conduits » et « voient s'évanouir leur résolution et leur volonté » si leurs officiers disparaissent ou fléchissent [2].

Quoi qu'il en soit, les combats de Charleroi permettent à l'État-major impérial de développer la manœuvre qu'il a conçue. A-t-elle atteint complètement son but ? On inclinerait à en douter quand on entend Biernatzky, cantonné le 25 août au Nord-Ouest de Maubeuge, exprimer l'espoir de prendre les Anglais et les Français dans la place comme dans une souricière. Le grand mouvement tournant auquel il a pris part aurait donc été destiné à obtenir, non la retraite, mais l'encerclement et l'anéan-

1. Kutscher, pp. 52-53.
2. Hœcker, p. 128 ; *Der deutsche Krieg in Feldpostbriefen*, V, pp. 130, 198,

tissement de l'armée adverse. Celle-ci se dérobe par une marche rapide aux étreintes de l'envahisseur et fait front à son avance devant Saint-Quentin. Là encore, la victoire a été chèrement disputée et le même Biernatzky en donne une assez singulière explication. Elle serait due, d'après lui, à une erreur d'optique d'un aviateur ennemi, qui aurait évalué à deux corps entiers l'effectif d'une division appelée en hâte de Beauvais au secours de la IIe armée, assez compromise ; la crainte d'être pris en flanc par des forces trop supérieures aurait alors déterminé le commandement français à donner l'ordre de la retraite. On ne peut que laisser à l'auteur la responsabilité de cette explication ; mais lorsque dans un autre récit de la bataille, celui de Kutscher, on lit cet aveu que le premier jour, près d'Itancourt, la situation était vraiment inquiétante (*recht bedenklich*) on ne peut s'empêcher de conclure que cette fois encore la fortune a singulièrement favorisé les armes allemandes [2].

Nous arrivons ainsi à cette bataille de la Marne qui devait changer le sort de la guerre. Si l'on se rappelle les efforts désespérés de la presse officielle pour en limiter la portée ou même pour en contester les résultats, l'on ne doit pas s'attendre à trouver beaucoup plus de

1. BIERNATZKY, p. 34.
2. KUTSCHER. p. 67.

sincérité dans les témoignages *imprimés* des combattants. Ni la surveillance de la censure, ni les suggestions de leur amour-propre national ne leur auraient permis de confesser publiquement et franchement toute l'étendue de l'échec qu'ils ont subi. A défaut d'un aveu explicite de leur défaite, on peut toutefois trouver, soit dans leurs mémoires, soit dans le volume entier de lettres du front consacré à cette période de la lutte, des indications fragmentaires assez nombreuses et assez concordantes pour qu'il s'en dégage une impression d'ensemble, propre à nous montrer combien pendant quelques jours la retraite « stratégique » allemande a été proche de se transformer en débâcle.

Pour fixer les idées au milieu de cette abondance de détails épisodiques, il n'est peut-être pas inutile de résumer d'abord deux récits plus complets et plus suivis que la moyenne des autres. Le premier, celui de Marschner, présente surtout un intérêt psychologique, car son auteur appartient à un corps qui n'a pas été arrêté et battu, mais qui doit se replier pour suivre le mouvement général de l'armée. Après s'être avancé à marches forcées, et sans rencontrer de résistance sérieuse, jusqu'au camp de Mailly, il reçoit, le 10 septembre, l'ordre de rétrograder et doit retraverser Châlons sous le regard railleur des habitants. Cette retraite, d'autant plus démoralisante qu'elle paraît incompréhensible, exerce sur Marschner et ses camarades une influence qu'il qualifie de « déprimante »; ils cheminent la tête basse « comme les grenadiers de Heine ». Quelle est enfin leur attitude quand la marche en arrière touche à son terme, et qu'arrivés près de Prosnes, ils reçoivent l'ordre de creuser des tranchées pour se préparer à « tenir » ? « Nous nous regardions en riant d'un air entendu, persuadés que la matinée suivante, si ce n'est le soir même, nous nous verrions forcés de décamper à nouveau. » Voilà des réflexions qui semblent trahir un fâcheux découragement [1]. Dans le corps d'armée voisin, Kutscher note également, en termes presque identiques, « l'impression pénible » que produit l'ordre de la retraite, et le « douloureux sentiment d'oppression qui envahit irrésistiblement les esprits » pendant qu'elle s'accomplit [2]. Il a donc suffi d'un recul ininterrompu de trois jours pour détendre le ressort de l'armée et ébranler cette belle confiance qui faisait son orgueil. Peut-on citer un exemple plus caractéristique de l'instabilité de ses dispositions et en tirer un présage plus favorable pour le jour où des revers plus sérieux la contraindront à reprendre le mouvement en arrière interrompu en septembre 1914 ?

1. Marschner, pp. 66-68.
2. Kutscher, pp. 95-96.

Un autre récit (où manquent malheureusement les dates et les noms de lieux) nous fait connaître par des détails plus circonstanciés dans quelles fâcheuses conditions s'est accomplie la retraite pour les corps directement engagés dans la bataille. L'auteur raconte comment, le jour où commence sa narration, sa compagnie avait dû livrer deux combats particulièrement durs, au cours desquels elle avait été écrasée sous une pluie d'obus et de shrapnells et ramenée en arrière après une première avance. Lorsqu'elle regagne, vers la fin de la matinée, le lieu de rassemblement, elle n'est plus représentée que par une quarantaine d'hommes que conduit un *feldwebel*. C'est dans l'après-midi seulement qu'elle est rejointe par le capitaine et par un grand nombre de traînards auxquels des unités voisines avaient donné une hospitalité provisoire; et c'est le soir à onze heures qu'elle regagne ses cantonnements : « A la fin de cette journée, dit l'auteur, le moral des officiers aussi bien que des soldats était très déprimé; car bien qu'ils eussent repoussé les Français, ils n'avaient pu se maintenir dans la position conquise. Le bataillon avait fortement fondu par suite du grand nombre de morts ou de disparus; presque tous les officiers avaient perdu leurs chevaux et celui de l'adjudant-major avait été tué sous lui. Après de pareils combats, la troupe avait un besoin impérieux de repos, et elle espérait le trouver dans le village où elle était cantonnée. » Cet espoir devrait être cruellement déçu, car le lendemain, dès 5 heures du matin, les clairons sonnent l'alarme, les hommes bouclent leurs sacs à la hâte et sortent des maisons, sur lesquelles s'abattent aussitôt les obus français. Conduits dans la direction de l'ennemi et déployés en tirailleurs, ils sont accueillis, à la lisière d'une forêt, par un feu d'artillerie tellement infernal qu'ils n'ont d'autre ressource que de se jeter à plat ventre en attendant la mort. Ils assistent dès lors en spectateurs au combat que d'autres troupes livrent devant eux; et le soir, vers 11 heures seulement, ils sont rappelés à leur point de départ. A moitié morts de fatigue, il se jettent plutôt qu'ils ne se couchent sur la paille et comptent enfin sur une nuit de repos. Dès 1 heure du matin, ils sont réveillés par le clairon, se lèvent « tout chancelants de sommeil », reçoivent des cartouches et sont conduits sur la même position que la veille, où l'on attend un retour offensif de l'ennemi. Ce n'est qu'une fausse alerte; et à l'amertume d'avoir été alarmés inutilement se joint pour eux la déception de recevoir un ordre de retraite « pour raisons stratégiques ». « Les Français sont à nos trousses, annonce même le capitaine ».

Il faut donc rebrousser chemin, traverser en hâte le cantonnement du matin et commencer une longue, une interminable marche qui, vers

7 heures du soir, conduit la compagnie jusqu'à une petite ville située sur les bords de la Marne. Au lieu d'y trouver l'abri tant désiré, elle bivouaque d'abord au bord du canal sous une pluie battante, puis est employée jusqu'à une heure avancée de la soirée à creuser en hâte des tranchées au fond desquelles les hommes s'étendent ensuite pour chercher le sommeil. Le froid et la faim les tiennent éveillés, car leurs habits sont transpercés, leurs pieds glacés, beaucoup ont perdu leurs tentes-abris, quelques-uns leurs capotes ; et presque tous ont l'estomac vide, les fameuses cuisines roulantes n'ayant pu leur fournir une tasse de café. De grand matin d'ailleurs, ils se relèvent en claquant des dents, au signal du clairon, pour approfondir les tranchées, que viennent inspecter ensuite des officiers du génie. Ils se sentent soutenus toutefois par cette assurance de leur capitaine que les retranchements improvisés en si grande hâte empêcheront l'ennemi de passer la Marne et leur permettront à eux-mêmes de reprendre un repos mérité. Quelle n'est pas leur déception quand, à 9 heures du matin, leur parvient encore l'ordre de cesser le travail et de plier bagage ! Dans leurs rangs s'échangent d'amères réflexions sur l'inutilité des fatigues supportées jusqu'alors comme sur la nature particulière du repos promis par le capitaine. Les deux journées suivantes présentent une désespérante

monotonie : marches interminables sous une
pluie torrentielle, sur des routes encombrées
de troupes en retraite, ordres successifs
d'abattre les tentes à peine plantées, pour reprendre le mouvement en arrière. Le troisième
jour, sur des renseignements venus du Quartier
général, l'on renaît à l'espoir de s'arrêter enfin,
et l'on commence la construction d'abris en
feuillage ; mais au milieu de la nuit arrive une
fois encore l'ordre de décamper précipitamment. Ce n'est que vers 9 heures du matin
que la troupe arrive enfin aux termes de sa
retraite et aux positions sur lesquelles elle
allait s'immobiliser pour de longs mois. Peut-
on concevoir rien de plus démoralisant que
cette succession de reculs continuels et de dé-
ceptions répétées[1] ?

Cette impression de désarroi se trouve encore
renforcée par les détails recueillis dans d'autres lettres du front, qui, sans présenter une
forme aussi développée, contiennent toutes cependant quelques particularités caractéristiques. L'on y peut saisir d'abord, au moyen de
chiffres précis, l'une des causes déterminantes
du fléchissement subit d'une armée qu'une campagne de quinze jours avait jusqu'alors suffi
à conduire jusqu'au cœur du pays ennemi. La
rapidité même de cette course éperdue lui
avait imposé de terribles, d' « effroyables fa-

---

1. *Der deutsche Krieg in Feldpostbriefen*, V, pp. 154-159.

tigues », dont quelques exemples peuvent donner une idée. Parmi les corps qui prennent part à la bataille de Saint-Quentin, l'un d'eux marche vingt-quatre heures de suite, se repose de minuit à 3 heures et fait le lendemain (28 août) une étape de 55 kilomètres ; — un autre, après quarante-huit heures passées sur les routes sans manger ni dormir (28-30 août), couvre, le 1er septembre, 45 kilomètres, marche le 2 de 1 heure et demie du matin à 10 heures du soir et, au lieu de se reposer, franchit encore, le 3, 30 kilomètres avec l'estomac vide. Les hommes sont restés onze jours sans pouvoir se déchausser ni se laver. Le pays étant dévasté et les cuisines n'ayant pu suivre, ils doivent se contenter pendant près d'une semaine d'un demi-pain de munitions et cherchent à tromper leur faim avec des fruits et des betteraves récoltées dans les champs. Le tabac même, auquel ils demandent l'oubli de leurs privations, leur fait si complètement défaut, que, pour s'en donner l'illusion, ils en sont réduits à bourrer leurs pipes avec des feuilles arrachées aux arbres[1]. Si l'on ajoute à ces dures épreuves l'effet d'une « chaleur colossale », l'on comprend qu'ils se soient proclamés « complètement épuisés et morts de fatigue » ; qu'ils aient perdu en route, en traînards et en dis-

---

1. *Der deutsche Krieg in Feldpostbriefen*, V, pp. 61, 102, 151, 152, 177, 179, 181.

parus, la moitié de leurs effectifs et qu'ils
se soient vus en dernière analyse plus affai-
blis par leur foudroyante avance que leur adversaire par sa retraite [1]. Ce n'a pas été un
des moindres mérites du commandement français que de se résigner à leur refuser la lutte
jusqu'au moment où ils ne pouvaient l'engager qu'avec une partie de leur force offensive.

Quand l'armée allemande est enfin amenée à
livrer et à perdre la bataille qui décidera du
sort de la guerre, mille petits faits viennent
révéler au lecteur combien elle est profondément touchée par ce premier échec. Elle s'aban-
donnait « aux plus belles illusions », se flattant
de réduire Paris en quelques jours au moyen
de ses 420 ; la résistance qu'elle rencontre soudainement semble avoir été pour elle un événement imprévu, parfois même une surprise.
Un artilleur raconte comment, le 6 septembre,
dans la région de Meaux, une pluie inopinée
d'obus provoque une grave panique dans le
village occupé par sa batterie. Des patrouilles
de cavalerie en retraite se heurtent dans les
rues à des cuisines de campagne et des équi-
pages régimentaires : les chevaux se cabrent et
tombent, les voitures se heurtent, c'est une
confusion générale à laquelle succède bientôt

1. *Der deutsche Krieg in Feldpostbriefen*, V, pp. 96, 140, 148,
180, 207.

une fuite éperdue [1]. Ailleurs, près d'Orly, une compagnie, après avoir tiraillé une journée entière (7 septembre) contre un ennemi invisible, se voit soudainement cernée parce qu'elle n'a pas reçu à temps l'ordre de retraite, et doit se frayer un passage par un dur combat au sortir duquel elle ne compte plus qu'une quarantaine d'hommes conduits par un lieutenant [2]. Le même jour, à l'aile droite (et probablement à la bataille dite de l'Ourcq) un autre corps n'échappe à l'encerclement qu'au moyen d'une marche ininterrompue de cinquante-deux heures coupée seulement par une pause de deux heures [3]. Au cours de ces combats et pendant la poursuite des jours suivants, l'impression dominante, et l'on pourrait dire l'obsession des soldats allemands semble avoir été l'intensité redoutable et infatigable de l'artillerie française ; l'un d'eux la déclare simplement « indescriptible » et s'imagine assister à une scène du « Jugement dernier », quand il en subit les effets [4]. Tous se plaignent de la persistance avec laquelle ils se voient pendant plusieurs jours suivis et encadrés par les obus, quelque empressement qu'ils mettent à céder le terrain à l'adversaire.

Lorsque la retraite commence, ceux qui y

1. *Der deutsche Krieg in Feldpostbriefen*, V, pp. 132, 133.
2. *Ibid.*, pp. 142-144.
3. *Ibid.*, p. 134.
4. *Ibid.*, p. 154. Cf. pp. 166, 176, 179.

prennent part se rendent à eux-mêmes ce témoignage qu'elle s'accomplit en bon ordre ; mais ils ne peuvent s'empêcher de noter les symptômes de désagrégation qu'elle fait apparaître dans leurs rangs. Elle est tellement rapide que les haltes sont rares et courtes ; dès que le signal en est donné, les hommes se jettent sur la terre humide pour prendre quelque repos ; beaucoup laissent passer l'ordre de départ sans que leurs supérieurs se préoccupent de les rallier, et rejoignent plus tard le premier corps organisé qu'ils voient passer devant eux : il en résulte que les unités sont mêlées et confondues lorsqu'elles atteignent enfin leurs positions définitives. Les conditions de l'équipement et du ravitaillement contribuent à aggraver les souffrances des soldats, et les précautions mêmes qui avaient été prises précédemment pour accélérer leur marche en avant se retournent maintenant contre eux ; dans certains corps, on leur a enlevé, avant Saint-Quentin, leurs sacs et même leurs manteaux pour les rendre plus agiles ; et comme ils ne les reverront pas avant dix jours, ils sont exposés sans défense aux intempéries d'une saison devenue tout à coup aussi humide qu'elle était alors étouffante et chaude[1].

Comme ils repassent dans des régions dont ils ont déjà épuisé les ressources, les vivres

---

1. *Der deutsche Krieg in Feldpostbriefen*, V, pp. 165 à 181, 210, 214

sont encore plus rares au retour qu'à l'aller. Certains corps restent deux jours sans aucune nourriture, d'autres cinq jours sans pain ou ne reçoivent comme ration quotidienne qu'une assiette de riz. L'eau même devient une rareté dans ce terrain calcaire, dès que la pluie a cessé. Le tabac se faisant chaque jour plus rare, on paye la moindre cigarette 20 pfennigs, un cigare 50, quand on trouve à en acheter. Enfin certaines pièces de l'habillement, notamment les pantalons, fatigués par un trop long usage, commencent à tomber en lambeaux[1].

De pareilles épreuves ne se prolongent pas pendant plusieurs jours sans affecter profondément le physique et le moral de ceux qui les supportent. L'état physique des soldats allemands ressort du portrait que nous en trace l'un d'eux, à la fin de la retraite : « Mon cher frère, que ne peux-tu nous voir ! la plupart d'entre nous ont les pommettes saillantes, les yeux hors de la tête, des barbes de deux mois. Leurs nerfs sont tellement ébranlés par huit jours de bataille ininterrompue qu'ils en balbutient au lieu de parler[2]. » Quant au moral des troupiers, il se soutient encore, mais il est caractérisé par la révélation de certains points de vue qui leur avaient probablement échappé jusqu'alors. A un moment donné, écrit l'un d'eux,

---

1. *Der deutsche Krieg in Feldpostbriefen*, V, pp. 177, 180, 186.
2. *Ibid.*, p. 179.

« je cherchai contre la froideur de la pluie un abri sous un arbre, j'y trouvai pour la nuit un quartier qui n'avait rien de confortable. Tandis que je sentais mes pieds se refroidir, il me venait de tous côtés à l'esprit de sottes pensées sur les beautés de la paix universelle[1] ».

La retraite de la Marne, dont la prolongation serait devenue fatale aux armées allemandes, s'arrête heureusement pour elles sur l'Aisne, où elles reprennent confiance dans l'espoir d'une reprise d'offensive sur Paris et réussissent à garder leurs positions au prix d'une nouvelle série de combats. C'est là une bataille indécise, mais qui risque un instant de se terminer comme celle de la Marne. Le mouvement tournant que le commandement français a entrepris vers Roye-Lassigny, et plus loin vers les lignes de communication allemandes, éveille dans l'esprit des envahisseurs des inquiétudes auxquelles on peut mesurer la gravité du péril dont ils se croient menacés. Biernatzky, cantonné avec sa compagnie à leur extrême droite, à Audignicourt, ne dissimule pas le sentiment de soulagement qu'éprouvent tous ses camarades (17 septembre), lorsqu'après un combat acharné, l'offensive française se

---

1. *Der deutsche Krieg in Feldpostbriefen*, V, 4, p. 169. Cf. cette réflexion d'un blessé à la vue de scènes d'ambulance : « Et l'on voudrait me faire croire que la guerre représente le plus haut point de la culture ! Cela je ne pourrai jamais le croire ». *Ibid.*, p. 248.

trouve arrêtée par la supériorité de l'artillerie lourde adverse[1]. Il était temps d'ailleurs qu'une décision favorable intervînt, car le danger était extrême ; les lignes d'étape avaient été interrompues pendant une semaine, et un train de blessés avait dû attendre plusieurs heures en gare de Saint-Quentin le rétablissement d'un pont rompu par une avant-garde de cavalerie française. Là encore, la victoire a tenu à un fil et l'État-major allemand n'a évité qu'à grand'peine une débâcle qui cette fois eût été définitive.

Cet exemple, ajouté aux précédents, montre d'une façon péremptoire combien ses prétentions à l'infaillibilité s'accordent peu avec la marche des événements, tels que nous les représentent les soldats allemands eux-mêmes. Lorsqu'en octobre la guerre de positions succède à celle de mouvement, on a voulu, même en France, lui faire honneur de l'avoir prévue par l'étude de la campagne de Mandchourie et d'y avoir préparé les troupes par des méthodes d'instruction appropriées. C'est là encore une légende qui résiste difficilement à l'examen de

---

1. BIRNATZKY, pp. 63, 68, 69 ; *Der deutsche Krieg in Feldpostbriefen*, V, p. 219. Cette alerte devait se renouveler au début d'octobre. Dans une lettre du 10 (WIESE, p. 172) un employé de chemin de fer raconte que ses camarades et lui ont passé deux nuits en éveil, prêts à évacuer leur matériel au premier signal. A une date un peu postérieure, un autre combattant fait allusion à un sérieux échec subi près de Roye (*Der deutsche Krieg*, V, p. 288).

certains témoignages. Un officier (anonyme) qui combat sur le front russe, où l'armée allemande essaya pour la première fois de suppléer à son infériorité numérique par l'emploi des fortifications de campagne, avoue que cette manière nouvelle de faire la guerre parut déconcertante à ses hommes, dressés plutôt à la pratique des assauts à découvert, et qu'ils se décidèrent avec une extrême répugnance à prendre la pioche pour se creuser des abris [1]. Sur le front occidental, le général de Moser fait une constatation analogue. La guerre de positions semble donc avoir été une nécessité imposée par les circonstances aux deux belligérants bien plus que l'application d'un principe ou l'effet d'une haute prévoyance.

La fixation des fronts marque le moment où la période des grandes combinaisons stratégiques fait place à une nouvelle forme de lutte qui laisse moins de part à l'imprévu et plus d'importance aux questions de matériel. Il semble dès lors inutile d'insister sur les erreurs qu'a pu commettre ou sur les chances heureuses dont a bénéficié le haut commandement allemand, car cette recherche n'avait de raison d'être que pendant la guerre de mouvement. Il vaut mieux s'attacher à suivre dans les souvenirs des combattants les progrès de la

1. *Was ich in mehr als 80 Schlachten erlebte*, pp. 7, 34.

double usure morale et matérielle qui, en affaiblissant à la fois leur confiance et leurs effectifs, ont peu à peu diminué la valeur du formidable instrument de guerre que représentait leur armée.

IX

L'ARMÉE ALLEMANDE : L'USURE MORALE.

Les publicistes allemands qui sont allés chercher au front des exemples de constance à proposer aux civils nous dépeignent le moral de l'armée comme toujours égal à lui-même, à une hauteur où il défie toutes les surprises. Ce qui semble au contraire le caractériser, ce sont de continuelles alternatives d'enthousiasme et de découragement, c'est la décroissance graduelle de cet imperturbable optimisme qui en faisait la force au début. Il suffit pour s'en convaincre de suivre l'évolution des esprits au cours des diverses phases de la campagne.

On sait quelle diversité de sentiments la déclaration de guerre avait éveillés dans les diverses catégories de mobilisés. Saluée comme une bonne nouvelle, presque comme une délivrance, par les officiers de carrière, elle avait plutôt fait l'effet d'une catastrophe sur les réservistes mariés et les vieux landwehriens. On a vu également comment les inquiétudes du début s'évanouissent pendant le transport des troupes à la frontière. Ce qu'il faut noter en passant, si l'on veut réduire à leur juste valeur les démonstrations auxquelles donne lieu ce spectacle impressionnant, c'est que, de l'aveu même d'un officier, l'estomac y a peut-être autant de part que le cœur. Les hommes reçoivent de telles montagnes de *Liebesgaben* comestibles, un tel océan de boissons variées, que leurs chefs se demandent s'ils n'auront pas à mettre au compte de l'indigestion les premières pertes de la campagne[1]. Dans tous les pays du monde, et spécialement en Allemagne, en faut-il davantage pour donner à un transport militaire les allures d'un voyage triomphal ?

Aussitôt après, la lutte commence devant Liége, et les effroyables pertes des régiments envoyés à l'assaut des forts apportent un premier correctif à l'enthousiasme initial : « Prions Dieu que la guerre tire bientôt à sa fin ! » s'écrie, dès le 9 août, l'un des survivants d'une compagnie particulièrement éprouvée[2]. Cette impression de vague angoisse persiste assez longtemps parmi les troupes restées en Belgique pour qu'un autre combattant écrive encore, après la prise de Maubeuge : « C'est

1. Gottberg, p. 13.
2. *Der deutsche Krieg in Feldpostbriefen*, I, p. 44.

un nouveau et juste motif de pavoiser en Allemagne. Qu'on n'y oublie pas pourtant quelles fatigues, quelles misères indicibles et quels milliers de jeunes existences coûtent des victoires de ce genre[1] ! » Il est visible dès lors que des succès éclatants seraient nécessaires pour maintenir l'esprit guerrier à son diapason primitif.

A l'avant, la bataille de Charleroi est heureusement venue exalter les courages. On en connaît les suites : les frontières françaises craquant de toutes parts sous les coups de bélier allemands, la ruée subite en territoire ennemi, la perspective d'une offensive foudroyante sur Paris. Une impression de force organisée et irrésistible se dégage du spectacle de ces masses dont l'avance a présenté la précision automatique d'une manœuvre[2]. Une sorte de vertige collectif semble troubler toutes les têtes, leur enlève le sens des impossibilités, fait accueillir sans critique les prévisions ou les nouvelles les plus follement favorables. Au corps d'armée saxon, on annonce dès le 26 août la chute de Belfort, une grande victoire navale devant Héligoland, la prise de six forts de Paris, un armistice avec la Russie. Quant aux Français, considérés déjà comme réduits à composition, on ne s'occupe plus que de supputer,

1. Thümmler, VII, p. 19.
2. Biernatzky, pp. 13, 20, 25 31.

en l'élevant chaque jour duvantage, le montant de l'indemnité de guerre à leur réclamer : « Personne parmi nous, déclare à ce sujet Marschner, n'avait le moindre doute que les cloches de la paix ne dussent sonner dans deux semaines ou dans trois tout au plus [1] ».

La même conviction se propage peu à peu sur toute l'étendue du front. De la frontière de Lorraine, un Brunswickois invite (24 août) sa femme au « bal de la victoire », qui doit avoir lieu quatorze jours plus tard à Versailles ; les vieux landwehriens eux-mêmes, retenus en arrière, se lamentent de devoir manquer à la fête [2]. Dans le régiment de Kutscher, on donne comme certaine, dès le 2 septembre, la conclusion de préliminaires de paix, la France offrant 12 milliards et demi et l'Allemagne en réclamant 25 ; les officiers ne discutent plus que la question de savoir s'ils iront se reposer de leur campagne à Davos, aux bains de mer, ou simplement dans une bonne garnison en territoire occupé [3]. Ces illusions sont si tenaces que les premiers prisonniers faits à la Marne et envoyés aux camps de concentration renoncent à se servir des cartes postales qu'ils reçoivent pour écrire à leur famille ; la paix leur paraissant imminente, ils ne supposent pas qu'elles

1. MARSCHNER, pp. 25, 34, 38.
2. THÜMMLER, II, p. 22, et V, p. 25.
3. KUTSCHER, pp. 76, 80, 82.

arriveraient en Allemagne avant eux-mêmes [1].

La bataille de la Marne aurait dû, semble-t-il, dessiller les yeux les plus incrédules. Ce serait pourtant une erreur de croire qu'elle ait produit sur les combattants allemands une impression en rapport avec son importance. Ils en éprouvèrent moins de découragement qu'elle n'avait apporté de réconfort moral à leurs adversaires. Si elle provoqua dans leurs rangs quelques défaillances morales dont on a noté plus haut les principaux symptômes, elle se termina trop vite et s'accomplit avec trop de confusion pour qu'ils en comprîssent la signification profonde. Leur confiance dans leurs chefs les empêchait à la fois d'admettre la possibilité d'un échec durable et de ne pas écouter docilement leurs explications. Aussitôt remis de leur premier désarroi et installés sur leurs nouvelles positions, ils se persuadent que leur reculade ne représente qu'un ajournement passager de leurs ambitions, et une manœuvre pour reprendre dans de meilleures conditions une offensive sur Paris qui, cette fois, sera décisive [2].

Cette espérance, entretenue par le succès relatif de leur défensive sur l'Aisne, se trouve à la fin de cette seconde bataille renforcée par

1. Neubau, p. 24.
2. *Der deutsche Krieg in Feldpostbriefen*, V, pp, 116, 178, 231, 314, 321.

les nouvelles qui leur parviennent du Nord.
Au début d'octobre, une nouvelle armée d'invasion s'empare d'Anvers et occupe sans résistance toute la partie occidentale de la Belgique.
Cet exploit devient pour ceux qui y ont pris
part l'occasion d'un nouvel accès de mégalomanie imaginative : « les attachés militaires
étrangers, écrit un officier chargé de leur montrer la place après la reddition, étaient d'avis
qu'aucune armée n'aurait pu égaler la nôtre
dans l'entreprise d'enlever en 9 jours une forteresse formidable, avec 100.000 hommes de
garnison[1]. » Un artilleur autrichien, dont la
batterie lourde a concouru aux opérations du
bombardement, laisse échapper cette exclamation lyrique » : « Hourrah pour la Grande Allemagne ! Nous voilà en route pour conquérir le
monde ! » D'aucuns se voient déjà sur le chemin de l'Angleterre et à la veille de faire à
Londres une entrée triomphale[2]. On sait comment les dures journées de l'Yser dissipèrent
ce rêve de grandeur.

A partir de ce moment, les fronts sont immo-
bilisés, la température ajoute ses rigueurs aux
périls du feu ennemi, et les troupes, voyant
reculer toujours le moment de la décision,
n'ont plus à exercer que l'héroïsme de la patience. La profondeur de leur déception se

---

1. KRACK, p. 43.
2. WIESE, p. 226; *Der deutsche Krieg in Feldpostbriefen.* I,
p. 197.

mesure à la durée de leur attente, et se manifeste d'abord dans le secteur où la lutte est la plus dure : dans la forêt de l'Argonne, au cours de ces combats obscurs, mais acharnés, dont le vieux maréchal de Haeseler, qui y assiste en volontaire, estime les difficultés supérieures à toutes celles qu'avaient eu à surmonter les troupes allemandes en 1870[1]. En septembre on compte fermement sur la chute imminente de Verdun, autour de laquelle quelques gains de terrain resserrent peu à peu l'étreinte allemande. Le 6 octobre, un soldat déclare que « le mois ne se terminera pas sans la prise de la forteresse. Elle coûtera des flots de sang, mais elle est inévitable, les défenseurs se trouvant complètement cernés. Noël nous verra revenir chez nous[2]. » C'est également l'assurance que donne le général von Emmich à ses hommes, au cours d'une tournée dans leurs cantonnements[3]. D'ailleurs les 420 vont entrer en scène, et « ce serait une honte de ne rien obtenir[4] ». Octobre passe, le bombardement commence et Verdun reste inexpugnable. Si l'on parle encore de reddition, c'est sous la forme d'un vœu timidement formulé. Mais le scepticisme commence à envahir les esprits : « Voilà

1. *Der deutsche Krieg in Feldpostbriefen,* V, p. 135. Cf., pp. 150 et 184.

2. *Ibid.,* p. 224.

3. Thümmler, XIII, p. 15.

4. *Der deutsche Krieg in Feldpostbriefen,* IV, p. 235.

8 semaines, écrit le 17 novembre un officier mitrailleur, que nous séjournons dans l'ingrate Argonne. Qui s'en serait douté, alors que le 19 septembre déjà nous croyions n'avoir devant nous que des détachements isolés [1] ! » Constatation mélancolique à laquelle répond comme un écho une prophétie dont l'auteur était loin sans doute de soupçonner toute la portée : « L'espérance d'une fin rapide de la guerre est totalement disparue en nous. Verdun représente un puissant obstacle sur notre chemin et nous coûtera encore d'infinis sacrifices [2] ».

Par suite sans doute de ces désillusions, une certaine fatigue de la guerre commence à se faire jour dans les lettres des combattants de tous les secteurs. Elle s'y traduit tantôt par des allusions discrètes, tantôt par des phrases comme celle-ci : « Nous sommes très las de cette existence » (30 septembre). « Après quelques jours de repos, nous retournerons au front. Si seulement nous recevions bientôt l'ordre de retourner au pays ! » (19 novembre). « Tu ne saurais croire quelle grande envie me possède de rentrer à la maison : non sans doute maintenant, mais après la guerre, *si nous la terminons heureusement* » (18 octobre) [3]. La

---

1. *Der deutsche Krieg in Feldpostbriefen*, IV, p. 159.
2. *Ibid.*, p. 280.
3. WIESE, p. 112 ; THÜMMLER, XVII, p. 19 et XIII, p. 13. Cf. REINHARDT, p. 78 et KUTSCHER, pp. 80-81.

forme dubitative de cette dernière phrase laisse
assez voir quel chemin ont fait les esprits depuis le début des hostilités. Dans certains
corps, les officiers avaient décidé, après une
longue délibération en commun, de ne pas recourir au rasoir tant que durerait une campagne
dont ils pourraient ainsi mesurer la longueur
au développement de leur système pileux. Ils
doivent renoncer à soutenir cette gageure, sous
peine de voir s'étaler sur leur uniforme des
barbes de fleuve, d'un aspect plus décoratif
que militaire [1].

Comme on croit volontiers ce qu'on désire,
on se persuade qu'à défaut d'une « décision »
dont la perspective recule chaque jour davantage, d'autres raisons amèneront forcément la
prompte conclusion de la paix. Pour en hâter
l'échéance, on compte successivement : sur
l'inconstance proverbiale de l'adversaire, trop
« raffiné » et trop nerveux pour avoir le dessus
dans une lutte de patience ; sur l'épuisement
de ses troupes coloniales et indigènes, mal
préparées à la rigueur des hivers continen-
taux ; sur la crise économique amenée dans son
pays par l'occupation de ses plus riches provinces ; sur le découragement des soldats ori-
ginaires des régions envahies et restés sans
nouvelles de leurs familles ; enfin, et dès ce
moment, sur les effets de la campagne sous-

BIERNATZKY, p. 110.

marine, qui doit immanquablement réduire
l'Angleterre à merci [1].

En attendant ce terme, les jours se passent
et la déprimante monotonie n'en est rompue
que par les rares incidents de la vie de tranchée. Ce sont le plus souvent les nouvelles des
derniers succès militaires ou diplomatiques
allemands : au début, celle de la prise d'Anvers, saluée par trois hourrahs assez sonores
pour que le bruit en parvienne jusqu'aux lignes
adverses [2] ; puis celle de l'entrée en guerre de
la Turquie, qui provoque aussitôt une démonstration d'une touchante naïveté : on arbore
des drapeaux rouges ornés de croissants, dans
la persuasion que les « frères noirs d'en face »
déserteront dès qu'ils sauront la guerre sainte
déclarée [3]. Les sujets de réjouissance se faisant plus rares, l'État-major cherche à en fournir aux troupes. Le 6 novembre, un ordre
du Cabinet impérial prescrit de célébrer comme
une grande victoire le combat naval de Santa-
Maria (sur les côtes chiliennes), où deux navires anglais furent perdus. Au signal donné,
à 10 heures et demie du soir, le chant du *Deuts-
chland über Alles !* suivi d'un triple « Hoch »
en l'honneur de la marine, s'élève dans le
silence de la nuit et se propage sur toute

1. Thümmler, XIV, p. 6 ; XXVII, p, 12 ; XXVIII, p. 25 ;
XXIX, pp. 25 et 27.
2. *Der deutsche Krieg in Feldpostbriefen*, V, p. 316.
3. *Ibid.*, p. 285.

l'étendue du front, de la mer aux Vosges. Et comme les Français surpris semblent considérer ce « spectacle inoubliable » comme le prélude d'une attaque, un capitaine monte sur le parapet pour les rassurer et tenter de leur démontrer « la supériorité allemande [1] ». — Eux-mêmes, d'ailleurs, paraissent vouloir relever le défi par des manifestations analogues. Presque à la même date, les hommes de garde sur les tranchées de l'Aisne croient un soir percevoir dans le camp adverse un bruit inaccoutumé, d'abord sourd et confus, mais qui bientôt s'enfle, s'élargit et se précise en un chant assez durement martelé pour devenir bientôt distinct à leurs oreilles : c'est *la Marseillaise*, dont les strophes, reprises en chœur par des milliers de voix, semblent se dérouler et se répercuter à l'infini. Le témoin et narrateur de cette scène avoue n'avoir pu se défendre d'une profonde émotion lorsqu'il entend, en d'aussi tragiques circonstances, les sons du vieil hymne révolutionnaire qui avait retenti sur tous les champs de bataille de l'Europe ; il se déclare impressionné malgré lui par le sentiment d'entraînante assurance qui s'en dégage, les paroles de menace qui le terminent et le retour que le dernier vers : *Qu'un sang impur abreuve nos sillons !* lui fait faire sur la mort de tant de ses braves camarades [1].

---

1. *Der deutsche Krieg in Feldpostbriefen*, V, p. 286-287.

Les distractions de ce genre sont malheureusement courtes et elles deviennent de plus en plus rares à partir de décembre. Pour tromper leur impatience et remplir le vide de leur existence, les soldats allemands n'ont d'autres ressources que de s'abandonner à des regrets et à des aspirations également stériles. Quelques-uns évoquent en vain le souvenir de leur marche sur Paris, dont la rapidité variée leur donnait l'illusion d'un voyage de touristes. « C'était alors le beau temps[1] ! » Les autres, moins belliqueux, s'épuisent toujours en conjectures, invariablement démenties par les événements, sur la date probable de la fin des hostilités. En janvier, Kutscher ayant vu passer l'échéance de Noël, qui ralliait jusqu'alors la majorité des suffrages, déclare renoncer à ce jeu auquel il s'était lui-même amusé[2]; mais tous n'ont pas le même scepticisme; autour de Biernatzky, on interroge encore (8 janvier) le « voyant » du bataillon, qui annonce pour le 12 mars la conclusion de l'armistice[3]. La persistance de cette préoccupation illustre cette réflexion d'un volontaire que « dans les tranchées on aimerait autant la paix pour le jour même que pour le lendemain[4] ». A partir de ce moment, si l'on rencontre encore dans les sou-

1. BIERNATZKY, p. 211.
2. KUTSCHER, pp. 169, 192, 219.
3. BIERNATZKY, p. 188.
4. HEGELER, p. 58.

venirs du front des déclarations optimistes ou
des airs de bravoure, c'est sous la plume de
journalistes qui le visitent en passant, et non
des soldats qui ne peuvent s'en éloigner. Il est
visible que, si la discipline de l'armée reste
sans atteinte et son courage sans défaillance,
son élan initial est depuis longtemps brisé ;
elle a subi une usure morale qui a singulièrement affaibli sa valeur offensive.

X

L'ARMÉE ALLEMANDE : L'USURE MATÉRIELLE

Cette usure morale a été en partie le résultat de l'usure matérielle qui a fait fondre peu à peu les effectifs par des pertes toujours répétées. Les témoignages des combattants sur ce sujet n'ont sans doute qu'un intérêt fragmentaire et ne sauraient prêter à des conclusions aussi générales que les listes officielles des morts et des blessés; mais ils sont à la fois plus circonstanciés et plus véridiques. Ils nous renseignent sur la violence relative des différentes batailles par la comparaison des sacrifices qu'elles ont coûtés; ils présentent l'avantage de nous faire connaître, au moyen d'exemples précis, non seulement le chiffre, mais la nature des pertes subies par certaines unités déterminées et, par suite, les changements apportés à leur valeur combative par la disparition de leurs meilleurs éléments.

La cavalerie, lancée en avant dès les premiers jours de la déclaration de guerre, a payé

la première un lourd tribut à la mort. Un lieutenant de uhlans est engagé à la bataille de
Lagarde (11 août) dans une véritable « chevauchée de la mort » contre de l'infanterie
retranchée ; parti le matin avec 142 hommes
de son escadron, il revient le soir avec 58,
réduits le lendemain à 27, dont il est le seul
officier. Le plaisir d'avoir fendu la tête à un
officier français qui se rendait à sa merci ne
lui semble pas une consolation suffisante à
cette boucherie ; le souvenir lui en inspire le
vœu timide de voir son régiment « plus épargné à l'avenir [1] ». Un peu plus tard, en Belgique, les reconnaissances effectuées autour
d'Anvers et de Maubeuge par une centaine de
hussards suffisent à leur coûter leur capitaine
et tous leurs lieutenants, sauf un seul. Le
4 septembre, un escadron de uhlans se laisse
prendre imprudemment dans un tir de barrage
et perd en quelques instants 3 officiers, le
médecin, 33 hommes et 92 chevaux [2]. Si la
guerre s'était poursuivie dans ces conditions,
il ne serait resté de la cavalerie que des numéros de régiment.

L'infanterie n'a pas été moins éprouvée
devant Liége, spécialement à l'assaut des forts
de Boncelles, cette « fosse commune des Allemands » (*Massengrab für Deutsche*) et de Bar-

1. THÜMMLER, III, pp. 10-14.
2. WIESE, pp. 23-25.

chon, dont la prise coûte à une compagnie
103 hommes sur 172. Le soir d'une de ces journées sanglantes, dont les survivants ne parlent qu'avec une terreur rétrospective, ils
doivent enterrer dans un seul bataillon 3 capitaines et 6 lieutenants. Et ces hécatombes se
renouvellent encore après la chute de la place :
à Louvain, une compagnie voit disparaître de
ses rangs 110 soldats sur 250, dont son chef ;
dans une autre, les morts jonchent le sol en si
grand nombre que ce spectacle arrache des
larmes à son capitaine [1].

A ce prologue meurtrier de la campagne
succède immédiatement la marche concen-
trique des armées allemandes en territoire
français. Cette avance, dont la vitesse a pu faire
illusion sur les difficultés, ne s'est accomplie
qu'au prix des plus lourds sacrifices, répartis
avec une égale prodigalité sur les différents
secteurs du front.

Au centre, la brigade wurtembergeoise du
général de Moser reçoit le baptême du feu le
22 août à Bleid (entre Arlon et Virton), où elle
repousse une avant-garde française. Succès
brillant, au dire de son chef, mais combien
chèrement acheté ! « La mort a fait une riche
moisson ! Le colonel d'un régiment de cavalerie qui couvrait notre flanc droit est mortelle-

---

1. THÜMMLER, II, pp. 8 et 16, et III, p. 30 ; *Der deutsche Krieg
in Feldpostbriefen*, I, p. 147.

ment blessé ; parmi les officiers d'infanterie, la moitié des capitaines manque ; au régiment des grenadiers, 6 *fähnriche* passés récemment lieutenants sont restés sur le carreau. Quant aux simples fantassins et à leurs sous-officiers, plus d'un tiers a payé la victoire de son sang. Les braves pionniers eux-mêmes ont passablement souffert. » Huit jours plus tard le passage de la Meuse (30 août) fournira à l'auteur l'occasion de renouveler les mêmes constatations mélancoliques [1].

Les pertes ne sont pas moins lourdes dans les armées de droite, chargées de la manœuvre décisive, et quelques chiffres peuvent en donner une idée : à la bataille de Cambrai, contre l'armée anglaise (26 août), 60 p. 100 de l'effectif d'une batterie ; 52 et 80 morts ou blessés pour deux compagnies prises au hasard. Cette proportion s'élève à 100 et même à 120 (sur 250 hommes) à la bataille de Saint-Quentin (29-30 août), où un soldat s'écrie, en voyant ses officiers tomber en masse : « A quels sacrifices devons-nous nous habituer désormais [2] ! »

A l'autre extrémité du front, dans la région lorraine, la forêt de Champenoux devient le théâtre d'affaires si meurtrières qu'un combattant l'appelle la « vallée du sang ». Devant la

---

1. Von Moser, pp. 18 et 48. Cf. Thümmler, XIV, p. 19.
2. Thümmler, V, p. 18 et XIV, p. 10 ; *Der deutsche Krieg in Feldpostbriefen*, V, pp. 116, 151, 177.

trouée de Charmes, auprès du village de Xaffé-
villers, un étudiant, Wilhelm Spengler, avoue
avoir vécu, le 28 août, la « journée la plus terrible de sa vie ». Sous le feu « enragé » de
l'artillerie française, qui balaie devant elle
chaque pouce de terrain, il voit tomber ses
meilleurs camarades. « Le lendemain matin,
écrit-il, on alla au lieu de rassemblement. Nous
étions partis 270, nous ne sommes plus maintenant que 114. Plus un officier, plus de *feldwe-
bels*, en tout trois sous-officiers seulement. Je
pleurais comme un enfant. Je me sens désormais incapable d'éprouver aucun sentiment de
joie pour rien. Je ne peux comprendre encore
comment j'ai échappé au massacre. C'est pour
moi un miracle[1]. »

Ces observations de détail nous conduisent
à une conclusion d'ensemble d'autant plus vraisemblable qu'elle ressort de témoignages con-
cordants ; c'est qu'au moment de la Marne la
plupart des compagnies, affaiblies encore par
le grand nombre des traînards, ne comptaient
plus que 90 à 100 hommes sous les armes[2].
Pendant les six jours de la bataille, ces maigres
effectifs se trouvèrent encore réduits dans des
proportions que la confusion de la retraite ne
permit pas aux combattants de préciser, mais
que permettent de deviner leurs fréquentes allu-

1. WITKOP, p. 13 ; THÜMMLER, XIX, p. 26.
2. MARSCHNER, p. 55 ; BIERNATZKY, p. 49.

sions à d' « effroyables pertes » ; dans certains régiments, il ne restait plus que quelques officiers, et un mois plus tard, à la bataille d'Arras (8 octobre), des sergents commanderont encore des compagnies [1].

A partir de ce moment, on voit reparaître et se succéder dans les lettres du front, comme une litanie, des lamentations et des statistiques funèbres analogues à celles dont on a pu apprécier plus haut l'éloquence. Il semble inutile d'en poursuivre l'énumération, non seulement en raison de leur monotonie, mais aussi parce que les effectifs sont peu à peu reportés à leur complet de guerre par les envois des dépôts.

Il serait plus intéressant de pouvoir préciser les changements que ces renforts successifs apportent à la composition initiale d'un corps de troupe déterminé. C'est là un travail qui n'a pas rebuté l'esprit scientifique de Kutscher et dont les résultats semblent infiniment instructifs [2].

Sa compagnie, appartenant à un régiment de réserve, comprend au départ un peu plus de 200 hommes, de 23 à 27 ans. Elle n'en a plus que la moitié avant la Marne et en perd encore après. En septembre et en octobre, elle remonte au chiffre de 130, puis de 191, et enfin de 200 combattants par l'incorporation successive de land-

---

1. *Der deutsche Krieg in Felpostbriefen*, V, pp. 145, 148, 180, 194 ; KRACK, p. 70.

1. KUTSCHER, pp. 108, 114, 122, 131, 154, 177 et 264.

wehriens ou de volontaires âgés, envoyés sur le front en bataillons provisoires à répartir entre les corps les plus éprouvés. Ce « matériel humain » de rechange apparaît malheureusement à Kutscher comme *unsoldatisch*, c'est-à-dire peu guerrier. Parmi les nouveaux arrivants, il trouve en effet un *feldwebel* de 49 ans, un autre de 62, un volontaire de 52, qui a déjà son fils à l'armée ; 32 d'entre eux sont pères de plus de cinq enfants. Les plus jeunes, ayant quitté le régiment depuis plus de huit années, ne connaissent ni le nouveau fusil, ni les nouveaux commandements, et pour leur servir d'instructeurs, 34 hommes seulement représentent (en janvier) le noyau primitif de la compagnie. Si une troupe de ce genre présente aux revues le même front qu'autrefois, s'imagine-t-on qu'elle ait conservé le même mordant ? Et ne voit-on pas là, avec un indice irrécusable d'usure matérielle, une des raisons qui, à partir d'octobre 1914, ont fixé les fronts pour un temps et déterminé le commandement allemand à attendre l'afflux des jeunes classes pour tenter une nouvelle offensive ?

Comme on le voit, l'aridité apparente de ces chiffres ne doit pas en faire oublier la signification ; ils présentent plus qu'un intérêt numérique pour ceux qui veulent les interpréter et leur courbe traduit assez exactement les variations de la valeur combative de l'armée d'invasion.

XI

LES DÉVASTATIONS

Le dépouillement de ces correspondances et souvenirs de guerre soulève une question qui s'impose d'elle-même au lecteur et le poursuit comme une obsession. Y trouvera-t-il des traces de tous les excès reprochés aux troupes allemandes, surtout au début de la campagne ? Il y chercherait en vain des confessions analogues à celles dont le secret a été arraché à certains « carnets de route » trouvés sur les prisonniers. A cet égard, la surveillance de la censure et la crainte de justifier une réputation trop bien établie ont imposé aux combattants allemands une consigne de silence dont ils se sont rarement départis ; mais il n'est pas de dénégations qui résistent à l'évidence, ni de secrets qui puissent être gardés par des milliers de personnes. Il suffit de quelques aveux significatifs pour faire éclater les uns, tomber les autres, et pour fournir les éléments du plus écrasant des réquisitoires.

Les révélations de ce genre que l'on trouve dans les lettres du front ne servent pas seulement à établir la réalité des actes de pillage et de dévastation reprochés aux troupes allemandes ; elles présentent d'abord l'avantage de-nous renseigner sur la mentalité de ceux qui les ont commis.

Le premier des sentiments qui les y ont entraînés leur est tellement familier qu'il a trouvé dans leur langue son expression adéquate dans un substantif fréquemment employé, tandis qu'on ne peut le désigner dans la nôtre que par une périphrase : c'est la *Schadenfreude*, c'est-à-dire le plaisir de faire du mal, aux choses en les endommageant, aux hommes en les humiliant ; c'est la satisfaction de détruire ou de souiller ce dont les autres jouissent et dont on est soi-même privé. Cet instinct de basse envie n'avait pas cessé d'animer à travers l'histoire les Germains lâchés dans un pays de civilisation supérieure ; quelques exemples ou quelques réflexions caractéristiques montrent qu'il s'est perpétué chez leurs descendants.

Dans un village voisin du front, un officier raconte avoir fait enfermer tous les habitants dans l'église, où deux vieilles femmes meurent de privations dès la première nuit. Il ne trouve pas un mot pour déplorer ce fait lamentable, mais il note avec une maligne complaisance que les châtelains du lieu, un vieux marquis et sa femme, sont au nombre des internés et doivent être profondément humiliés de cette promiscuité avec leurs paysans[1]. Dans une autre localité, on force les femmes à balayer tous les matins les rues, au milieu des railleries de la soldatesque. Un témoin de cette scène pénible ne se tient pas d'aise à l'idée qu'il se trouve parmi elles une « jolie institutrice », dont une aussi basse besogne doit froisser les goûts délicats[2]. Ailleurs, c'est un officier logé à Vailly, dans la villa d'une actrice parisienne, et tout joyeux à l'idée du désordre ou des dégâts que ses hommes vont apporter dans le luxe raffiné d'un boudoir féminin[3]. Ne discerne-t-on pas enfin une manifestation de la *Schadenfreude* germanique dans les impressions d'un aviateur qui, dans les jours tragiques de septembre 1914, vient pour la première fois survoler Paris, — où il a naturellement habité avant la guerre? Il en reconnaît sans peine les monuments, donne en passant un souvenir à ce boulevard Saint-Michel où il a si souvent flâné comme étudiant, mais n'exprime, à l'aspect de cette ville dont il a éprouvé l'hospitalité, d'autre sentiment que la joie orgueilleuse d'y revenir « en vainqueur ». Piètre victoire qui consiste à jeter des bombes sur des habitants inoffensifs, pour s'enfuir ensuite en grande vitesse[4]! Il n'en

---

1. WIESE, pp. 144-146.
2. *Der deutsche Krieg in Feldpostbriefen*, IV, p. 250.
3. *Ibid.*, V, p. 279.
4. KRACK, pp. 180-182.

a pas moins savouré la satisfaction de faire du mal à ceux qui lui ont fait du bien et d'obéir à l'un des penchants héréditaires de sa race.

Le militaire allemand en campagne oublie ses excès avec autant de facilité qu'il a éprouvé de plaisir à les commettre : c'est là l'autre trait dominant de sa psychologie. La lettre d'un étudiant, Hans Fleischer, représente à cet égard un des « documents humains » les plus singuliers de cette série de témoignages. Au cours d'une promenade près d'un cantonnement, il découvre un jour (2 octobre) la petite ville de Blamont-sur-Vezouse, qui évoque d'abord à ses yeux le souvenir pacifique des petites cités souabes, avec son paysage pittoresque, ses toits vernissés et ses ruines féodales. La scène change lorsqu'après avoir traversé un parc encore bien entretenu, il pénètre dans le château moderne des barons de Türckheim : « Quelle horrible image de dévastation, s'écrie-t-il. De cette somptuosité seigneuriale il ne reste qu'un monceau de décombres et de débris ; l'admirable salon avec sa précieuse bibliothèque et ses vitrines dorées, la galerie avec ses boiseries et ses fiers portraits d'ancêtres, les chambres à coucher avec leurs meubles de prix, tout était saccagé et brisé en petits morceaux. Je ne pus réprimer un frisson en pénétrant dans l'intérieur ».

Ce mouvement de pitié n'est que de courte durée. Fleischer aperçoit dans un coin un piano resté par hasard intact, et dont la contemplation le plonge dans un ravissement que renouvelle bientôt une autre surprise : « Mais que vois-je derrière ce piano ? Je n'en puis croire mes yeux. De la musique ! oui, de la musique. Je saute dessus aussitôt. *La Walkyrie*, édition pour piano, avec texte allemand ! C'est le comble de la félicité. Trouver ici ma *Walkyrie !* Bientôt retentissent sous mes doigts les notes sacrées. Au dehors, toutes les horreurs d'une lutte à mort, et ici, dans ce coin isolé, le chant de l'amour allemand ! Heures rares, heures inoubliables, etc... » Et voilà notre homme parti pour le monde des rêves, bien loin des contingences terrestres [1]. Un de ses compatriotes ne manquerait pas sans doute d'admirer cette faculté d'abstraction comme un trait d'idéalisme et ce goût persistant pour la musique comme une preuve de haute « culture » ; un lecteur français éprouvera une impression tout opposée.

Tous les militaires allemands ne sont heureusement pas arrivés à ce superbe détachement des misères qu'ils ont causées ; certains d'entre eux nous ont laissé de précieux témoignages sur l'état des localités traversées par leurs troupes : « On aurait de quoi pleurer, écrit le plus prudent, en constatant la détresse que la guerre apporte avec elle dans les cam-

1. WITKOP, pp. 14-15.

pagnes ». — « Tout pays où nous avons passé, déclare un autre, déjà plus précis, ressemble à un désert... Les pauvres gens qui y demeurent souffriront de la faim cet hiver. » — Un troisième renchérit encore sur ces aveux compromettants. « Les maisons où nous avons logé présentent le même aspect que si elles avaient donné asile à une bande de brigands. Je m'indignais d'abord à la vue de certains villages. Je me suis convaincu depuis que le mal était impossible à éviter [1] (? ?) ».

En présence de tant de maisons dévastées, que penser des assurances données par Hœcker que « par principe l'armée allemande ignore le pillage » ou par Sven Hedin que ses chefs « punissent avec sévérité et assimilent au vol pur et simple le prélèvement de « souvenirs [2] » ? Trop ingénieux pour rester jamais à court d'explications, les Allemands cherchent d'abord à rejeter sur les troupes ennemies en retraite la responsabilité de toutes les... disparitions qu'ils ont à constater sur leur passage. Lorsque cette ressource même leur échappe, ils les mettent sur le compte de la population elle-même, dont les éléments les moins recommandables profiteraient de la fuite des habitants aisés pour s'approprier leurs biens. Cette supposition ne brille point par la vraisemblance,

1. WIESE, pp. 154-155 ; THÜMMLER, XIV, p. 3, et XIX, p. 5.
2. HŒCKER, p. 117 ; SVEN HEDIN, pp. 499-500.

les auteurs présumés de pareils méfaits ne
pouvant espérer les dissimuler longtemps à
leurs voisins. Elle est pourtant reproduite par
le général de Moser qui, pour donner une haute
idée de sa délicatesse, raconte avoir, dans une
maison où il était logé, laissé sur la table du
propriétaire absent un reçu de quelques pou-
lets pris dans la basse-cour[1]. Ailleurs, à Anvers,
des actes de pillage auraient été le fait de la
« canaille internationale », toujours nombreuse
dans les ports de mer[2]. En Belgique orientale
enfin, les soldats allemands seraient arrivés
à temps pour préserver les demeures des notables contre les convoitises de ceux « qui
n'avaient rien à perdre[3] ». Ils auraient donc
joué le rôle de gendarmes et de défenseurs
de la propriété. C'est ici le cas de répéter que
« qui veut trop prouver ne prouve rien ».

Il existe d'ailleurs un moyen de vérifier la
valeur de ces protestations d'innocence. Dans
les maisons mises à sac, tout n'a pu être ané-
anti par rage de destruction. Bien des objets
de prix n'en ont-ils pas été emportés par des
soldats ou même des gradés peu scrupuleux ?
A l'encontre de cette hypothèse, nous n'avons
que cette affirmation tranchante de Sven Hedin : « Où un officier allemand a logé, il ne

1. Von Moser, p. 50.
2. Sven Hedin, p. 289. Cf. von Moser, p. 37 ; Hœcker, pp. 40
et 88 ; Kutscher, p. 192 ; Bülow, pp. 118-120.
3. Gottberg, p. 99.

manque pas une tête d'épingle [1].» Avant de l'accepter comme parole d'évangile, il faudrait prier l'auteur de se mettre d'accord avec Ganghofer qui, pour rassurer les familles allemandes sur le sort de ses guerriers en campagne, leur parle en termes enthousiastes du confortable trouvé dans le gourbi d'un capitaine d'artillerie. Petite table, fauteuils rococo, sofa de boudoir servant de lit, rien n'y manque. Et comme le détenteur de ces objets encombrants ne les a certainement pas apportés dans ses cantines, il a dû forcément se permettre d'autres emprunts qu'une « tête d'épingle » aux habitations qui ont eu l'honneur de sa visite [2].

Aussi bien certains officiers, en décrivant longuement la richesse de leur ameublement de tranchées, ne font-ils nulle difficulté d'en indiquer l'origine. Biernatzky déclare avoir « sauvé » (le mot est entre guillemets dans le texte) un ameublement complet des cachettes murées pratiquées dans un château voisin et ouvertes par ses pionniers [3]. Même aveu dans la lettre d'un officier de réserve, auparavant fonctionnaire de police à Berlin, et que l'exercice de sa profession a dû familiariser avec les mœurs des cambrioleurs. Après avoir énuméré avec complaisance les tentures de soie, les tapis de Smyrne, les pendules artistiques (!) et

1. Sven Hedin, p. 237.
2. Ganghofer, p. 122. Cf. Kutscher, p. 175.
3. Biernatzky, p. 122.

même les photographies de famille (! !) emportées par ses camarades d'un château abandonné
par son propriétaire, il ajoute pour mettre sa
conscience en repos : « Afin qu'à son retour
celui-ci puisse retrouver son bien, nous avons
laissé sur sa table un papier portant que nous
lui empruntions ceci ou cela, pour le porter ici
ou là à dix minutes seulement de distance,
dans un endroit beaucoup plus sûr qu'un château canonné sans relâche. Vous voyez, c'est
ainsi que l'on fait à la guerre [1] ! »

D'après cette dernière explication, qui représente la traduction soldatesque du fameux *Not
kennt kein Gebot* de Bethmann-Hollweg, le
militaire en campagne serait excusable de
prendre le bien des autres où il le trouve,
quand il est lui-même dépourvu de tout. Le
même recueil où a paru la lettre du capitaine-
policier en contient malheureusement une
autre, insérée sous ce titre : *la rage des modernes Huns*, et dont l'auteur, témoin de l'invasion des Russes en Prusse Orientale, range
parmi leurs crimes ce fait que pour leur
commodité, « les canailles ont emporté dans
leurs tranchées des fauteuils rembourrés, des
sofas et des matelas [2] ». Comment justifier cette
indignation et comment un acte nécessaire et
légitime sur le front oriental deviendrait-il un

---

1. Thümmler, XIII, pp. 3-5.
2. Thümmler, VII, p. 6.

attentat au droit des gens sur le front d'Occident ?

La cause paraîtra d'ailleurs entendue quand on aura tiré de certains détails les déductions qu'ils comportent. Des hôtes complaisants se voient récompensés par des « cartes de sûreté » pour leurs maisons ou par l'inscription « Prière d'épargner. Braves gens », tracée sur leurs portes[1]. A quoi répondraient ces pratiques si le pillage était inconnu à l'armée allemande ? A Louvain, après l'incendie, un landwehrien est cantonné dans un grand hôtel abandonné ; à la vue des jouets qui remplissent une chambre d'enfant, il laisse échapper cette réflexion naïve : « Je pensai alors à ma petite Lolotte, mais j'eus pourtant *le courage* de ne rien prendre[2]. » L'aveu même de cette tentation laisse supposer qu'il a été bien près d'y succomber et que d'autres n'auront pas été arrêtés par les mêmes scrupules. Qu'ajouter enfin à l'éloquente crudité de déclarations comme celles-ci : « Nous n'avons pas besoin d'argent, car nous prenons tout sur place » ; ou encore : « On fouille les maisons et l'on réquisitionne, comme l'on dit, à sa fantaisie tout ce qui reste. En bon allemand, cela s'appelle voler (*wegnehmen*) ; mais que ce soit agréable ou non au propriétaire, nous n'en avons cure.

---

1. KUTSCHER, p. 119 ; HŒCKER, p. 188.
2. *Der deutsche Krieg in Feldpostbriefen*, I, p. 155.

C'est un triste spectacle [1]... » Et pour excuser de pareils excès, l'auteur de ces lignes en est réduit à soutenir que les adversaires font de même. C'est la tactique habituelle de ses compatriotes pour prévenir les accusations qu'ils savent avoir méritées.

Aux actes de dévastation individuels et spontanés qui caractérisent le début de la campagne devait succéder, au printemps de 1917, l'œuvre de dévastation collective, régulière et systématique ordonnée par le haut commandement pour couvrir la retraite de la Somme. Il était particulièrement intéressant de rechercher en quels termes en parleraient les descendants de ces Allemands qui, pendant deux siècles, n'ont cessé de dénoncer comme un crime sans nom l'incendie du Palatinat par Louvois, et comme un chef-d'œuvre d'immoralité politique la fameuse théorie du « glacis », invoquée pour le justifier. On leur aurait su presque gré de garder sur ce triste sujet un silence pudique, par où ils auraient trahi au moins leur embarras de se disculper ; et l'on attendait de leur ingéniosité, comme pour le bombardement de la cathédrale de Reims, quelques-unes de ces explications laborieuses qui ne peuvent convaincre personne, mais dont la recherche même aurait prouvé qu'ils avaient conscience de l'horreur inspirée par leurs crimes.

1. *Ibid.*, p. 106 ; Thümmler, III, p. 24.

C'est une note toute différente que l'on trouve dans le récit de Queri, l'un des rares témoignages relatifs à ce récent épisode de la guerre. L'auteur a parcouru avec les derniers détachements d'arrière-garde les territoires méthodiquement ravagés avant d'être abandonnés à l'ennemi. Loin d'être gêné par un spectacle aussi peu honorable pour ses compatriotes, il en triomphe, il y insiste, il en célèbre la désolation en termes lyriques, sur un ton de joie méchante, et il trouve le moyen de terminer sa description, non par des regrets, mais par des menaces. Laissons-lui la parole, car aucune analyse de sa prose ne vaudrait une simple citation. « C'est le désert... un triste désert sans végétation ni habitations qui s'étend sur des kilomètres. Toute la journée la hache et la scie s'attaquent aux arbres et aux buissons pour les raser jusqu'au sol. Dans cette région de guerre, il ne doit subsister ni une cachette, ni un abri, ni une prune, ni un raisin. Il faut que l'adversaire ignore ici la fécondité de l'été et que la destruction des sources l'empêche de se désaltérer. Il ne doit pas trouver quatre murs pour s'installer. Tout est abattu ou incendié, les villages sont transformés en monceaux de décombres et les clochers des églises jetés en travers des routes. Partout de la fumée, de la puanteur et des détonations : les cartouches d'explosifs achèvent leur œuvre. »

Vient ensuite un développement sur la difficulté d'un travail d'anéantissement parfait (!), un éloge du dévouement des pionniers, attelés à une besogne aussi ingrate, une description de l'agonie de tant de vieilles fermes éventrées par la dynamite, transformées en un monceau anonyme et pitoyable de décombres, après avoir représenté un passé, un foyer et un nom. Ici l'on pourrait croire l'auteur prêt à s'attendrir ; s'il a eu cette tentation, elle n'a fait qu'effleurer son esprit, car il tourne court aussitôt après pour aboutir à cette conclusion inattendue, mais dont le sens n'est que trop clair : « Ces images de guerre devraient être exposées à toutes les devantures des boulevards parisiens. C'est le commencement de la ruine dans un coin de France, la petite flamme avant le grand incendie ; c'est un prélude sérieux, essayé à titre d'expérience, au dénouement possible de la tragédie. Le tonnerre de ces villages qui sautent est destiné à parvenir aux oreilles de ceux qui ne veulent pas entendre. Nous avons mis de l'espace entre nous et les ennemis, en y créant un désert d'une tristesse infinie. Nous pouvons élargir encore cette zone de vide et en augmenter l'horreur[1]. »

Il est impossible de confesser en termes plus clairs que ces dévastations ne représentent pas une nécessité militaire, mais un essai d'intimi-

---

1. QUERI, pp. 293-296.

dation et un moyen de chantage sur l'opinion française. La franchise de cet aveu et l'inconscience dont il témoigne rendent tout commentaire et toute indignation inutiles. Tout au plus serait-il piquant de rappeler, si l'ironie n'était pas hors de saison en un pareil sujet, que le pillage de quelques boutiques en Prusse Orientale a valu aux Russes le surnom de *modernes Huns*, couramment employé dans la presse allemande [1].

1. On pourrait ranger encore sous la rubrique des dévastations officielles les exemples d'amendes imposées, sous les plus futiles prétextes, aux habitants des localités envahies. Les combattants allemands sont d'ordinaire assez sobres d'indications à ce sujet. HEGELER pourtant a recueilli de l'un d'eux et raconte en termes presque spirituels une anecdote trop pittoresque pour ne pas être reproduite.

La petite commune d'Allaines, au nord de Péronne, avait été frappée d'une forte amende que ses habitants, pour la plupart de pauvres cultivateurs, se trouvaient dans l'impossibilité de payer. Le commandant de place, devant lequel ils avaient porté leurs plaintes, semblait disposé à se laisser fléchir, quand le jardinier d'un riche propriétaire parti pour Paris vint se proposer pour tout arranger à lui seul. Sous prétexte de tirer d'embarras ses compatriotes, en réalité pour jouer un mauvais tour à son maître, cet homme déclara connaître dans le parc dont il avait la garde l'existence d'une cachette dont il révélerait l'emplacement, et où l'on trouverait une somme bien supérieure au montant de l'amende exigée. Cette suggestion, accueillie d'abord avec quelque scepticisme, ayant été agréée, on fit des fouilles à l'endroit qu'il avait indiqué et l'on y trouva une caisse en fer, ouverte le lendemain par un officier payeur appelé de Péronne pour en inventorier le contenu. Elle renfermait des valeurs et des billets de banque dont le total dépassa bientôt la contribution imposée à la commune.

Les villageois, présents à l'inventaire, ne cachaient pas leur joyeuse surprise de se voir ainsi soudainement délivrés de toute inquiétude. Un dernier coup de théâtre attendait toutefois les témoins de cette scène. Au fond de la caisse aux valeurs reposait une enveloppe cachetée. On l'ouvre aussitôt et l'on y trouve le testament du propriétaire, que l'on lit à haute voix. Il était conçu en ces termes : « Je, soussigné (ici le nom et les prénoms en toutes lettres), ai fait de tristes expériences avec mes pareils. Mes parents notamment, X, Y ou Z, ne sont que des fainéants, des menteurs ou des captateurs d'héritage. Aussi ai-je décidé de léguer ma propriété à l'église d'Allaines. Quant à mes biens immobiliers, je les laisse au seul honnête homme que j'aie rencontré dans ma vie, en récompense de ses fidèles services pendant vingt ans : à mon jardinier. »

En entendant cette lecture, ce dernier fit un bond en avant, comme pour arracher le testament des mains de l'officier qui en déchiffrait le contenu. Il dut être maintenu et éloigné de force, au milieu des rires ironiques des habitants du village.

XII

LES ATROCITÉS

Si dégradantes que nous paraissent ces habitudes de rapine, elles ont fait moins de tort encore à la réputation de l'armée allemande que ses abominables atrocités : incendies de villages entiers ou exécutions en masse de civils inoffensifs. Ces attentats au droit des gens ont été renouvelés trop souvent pour que la réalité puisse en être contestée : et les témoignages mêmes dont ils ressortent ne sont pas moins impressionnants par leurs réticences que par leurs révélations: « Je n'oublierai pas de sitôt le sentiment de dégoût et de répulsion que j'ai éprouvé. »—«On doit ici assister à des spectacles qui vous remuent le cœur. »—«Tout cela ne peut être écrit, mais se racontera plus tard. »—« Je ne puis et ne dois pas vous donner d'autres détails ; on ne me croirait pas. Ce que je vois est si terriblement triste que je cherche à y penser le moins possible [1]. » Ces expressions, fréquentes sous la plume des combattants allemands, laissent assez deviner ce qu'ils nous cachent derrière ce qu'ils avouent. Le coin du voile qu'ils soulèvent pour nous découvre d'ailleurs à nos yeux des scènes suffisamment terrifiantes.

Envisagés de ce point de vue, leurs récits présentent une tragique monotonie, et celui de Marschner, le plus saisissant de tous, peut être analysé comme le type des autres. Après avoir passé la frontière, l'auteur et ses compagnons d'armes avaient été si correctement accueillis par les habitants qu'il commençait à reléguer au rang des légendes les bruits en circulation sur les « cruautés belges ». — Tout change à partir de Spontin, où des coups de feu auraient été tirés sur les troupes. Bien qu'elles n'aient perdu que trois hommes, le village tout entier est livré aux flammes. Quand Marschner y pénètre, on fusille en tas les hommes dans le parc, tandis que leurs femmes, réunies avec les enfants dans une prairie voisine, écoutent, muettes de terreur et les traits convulsés, le bruit renouvelé des détonations. A partir de ce moment se propagent partout des rumeurs inquiétantes. « La fantaisie personnelle érige des soupçons en

1. *Der deutsche Krieg in Feldpostbriefen*, I, p. 106 ; *Ibid.*, pp. 413, 179 et 180 ; *Ibid.*, V, p. 227.

certitudes et des incidents insignifiants en événements effroyables. » A la faveur de cet état d'esprit, l'obsession des « franc-tireurs » se tourne, chez les soldats, en folie de carnage et de destruction. A perte de vue, les villages s'allument comme des torches et se transforment en immenses brasiers, dont l'ensemble donne l'impression d'une mer de flammes. Parmi les habitants, les uns, entassés sur des charrettes, couvrent les routes d'une fuite éperdue, les autres se réfugient dans leurs jardins, où ils assistent, avec une morne indifférence, à l'incendie et à l'écroulement de leurs demeures. Ce cauchemar se poursuit pendant trois jours et trois nuits d'une marche ininterrompue et ne se termine qu'à Marienbourg. On pourrait se demander quelles pensées de remords ou au moins de pitié il éveille dans l'âme de Marschner. Celui-ci se déclare poursuivi par la préoccupation de retrouver dans sa mémoire le *leitmotiv* du dernier acte de *la Walkyrie*, alors que des colonnes de feu s'élèvent de tous côtés autour du bûcher de l'héroïne wagnérienne [1]. Il est bien de la même race que l'étudiant de Blamont auquel la musique allemande faisait si facilement oublier les méfaits allemands.

D'autres témoignages, analogues pour le fond à celui de Marschner, contiennent des détails

---

1. MARSCHNER, pp. 11, 12, 20, 23 et 25.

propres à ajouter encore à l'impression d'horreur qui s'en dégage. D'après l'un d'eux, « la route de la frontière à Liège n'est qu'une suite de ruines. Une petite ville (probablement Battice, incendiée pendant deux jours) est complètement anéantie. Les maisons sont en cendre, les hommes fusillés, les femmes en fuite, les bestiaux errants à travers les rues et les champs ». Dans un autre village, on exécute d'un coup 52 personnes, dont le seul crime était d'avoir des armes chez elles ; ailleurs, les cadavres de 15 civils sont alignés sur le bord d'une route où des convois auraient essuyé des coups de feu [1]. Certains centres ont été complètement vidés de leur population : « Nous vîmes sur un chemin, déclare un témoin, la femme d'un gros négociant tenant son enfant entre ses bras. Elle nous raconte comment, après lui avoir pris son mari, on l'avait elle-même jetée hors de chez elle [2] ». Ces détails navrants nous font comprendre la réflexion par laquelle un soldat de l'armée d'invasion termine ses premiers récits : « Ce que nous avons vécu au cours de cette semaine défie toute description. Ce n'est pas là une campagne de 1914, mais un retour à la guerre de Trente ans [3]. »

De Liège, la traînée de sang et de feu que

1. *Der deutsche Krieg in Feldpostbriefen*, I, pp. 30-31, 58, 61, 86, 87 ; KRACK, p. 34 ; THÜMMLER, I, p. 19.
2. THÜMMLER, II, p. 14.
3. THÜMMLER, II, pp. 24-25.

laissent derrière elles les troupes allemandes
s'étend rapidement, au Sud jusqu'à Charleroi,
à l'Est jusqu'à Louvain et Anvers. Les alentours de Namur présentent après la chute de la
place (26 août) un spectacle de désolation « qui
serait à faire pitié si la guerre était compatible
avec les ménagements ». Sur les massacres de
Dinant, les rapports officiels belges ont apporté
une complète lumière. Il n'en est pas moins
instructif de lire dans une lettre d'un hussard
saxon que la ville était illuminée par les flammes
des incendies, que « des monceaux de cadavres
de francs-tireurs (?) couvraient les rues » et
« qu'à l'extrémité d'un chemin creux, on en
voyait un tas qui, à vue d'œil, devait en contenir au moins 200. Il en sortait un ruisseau de
sang coulant jusqu'à la Meuse[1] ». Aux approches d'Anvers enfin, le commandant allemand, pour prévenir ou punir des attentats hy-
pothétiques contre ses troupes, décide de « raser
jusqu'au sol tout ce qui se trouvait entre l'armée
et la place. C'était contre ses intentions, mais
il avait dû le faire pour protéger les soldats
contre la population ».

Si la France du Nord semble avoir moins
souffert que la Belgique des atrocités ennemies,
elle en a fait aussi la douloureuse épreuve. Le
martyrologe de certaines de ses régions ne sera
d'ailleurs connu qu'après leur libération. Dans

---

1. THÜMMLER, XXVII, pp. 20-22.

les Vosges, Bülow s'extasie sur la grandeur tragique du spectacle que présente l'incendie de Raon-l'Etape, dont les flammes illuminent les chemins comme en plein jour jusqu'à 4 kilomètres de distance. Un peu plus tard (4 septembre), près d'Etival, cette satisfaction lui est encore offerte, mais plus complète encore, puisque c'est sur une plaine entière que se multiplient sous ses yeux les foyers d'incendie, étendus peu à peu des villages aux récoltes et donnant l'impression d'un océan de flammes[1]. — De ce côté, le prompt recul des troupes allemandes allait heureusement apporter un terme aux épreuves des populations. Il n'en est pas de même dans les régions de l'extrême frontière, entre Longwy et Verdun, sur lesquelles semble s'être surtout assouvie la rage des envahisseurs. Bien que leurs blessés y aient été recueillis et soignés souvent avec une humanité qu'ils doivent reconnaître, des villages entiers, autour d'Audun-le-Roman en particulier, ont subi le même traitement que ceux de Belgique et présentent au regard les mêmes visions d'épouvante : rues impossibles à traverser à cause de l'insupportable chaleur ou de l'odeur de chair brûlée qui se dégageait des maisons en feu ; cadavres d'habitants, même de femmes ou d'adolescents, étendus sur le pavé ou attachés à des balcons ; troupeaux de

---

1. BÜLOW, pp. 90-92, 125.

bœufs errant à l'aventure et remplissant l'air de leurs lugubres mugissements ; caves ouvertes, défoncées et inondées de vin[1]. Longtemps encore après l'invasion, les voyageurs venus d'Allemagne ne pourront se défendre d'une funèbre impression, lorsque après avoir franchi l'ancienne frontière, ils verront se découper sur l'horizon les pans de mur calcinés ou les lamentables squelettes de maisons qui représentent les restes de bourgs autrefois florissants[2].

En dehors enfin des centres habités, certaines fermes isolées dans la campagne ont été le théâtre de crimes anonymes, de drames obscurs dont on ne connaîtra jamais les détails, mais dont quelques rares témoignages permettent de deviner l'horreur. Comment, par exemple, lire sans frémir le récit que nous laisse un volontaire d'un an de son excursion dans une métairie où il avait été envoyé en patrouille ? Sur les degrés de la porte est étendu le cadavre du propriétaire, la poitrine trouée d'une balle, mort dans un sursaut de révolte désespérée pour défendre son foyer. Au dedans, une belle jeune femme, l'air égaré, n'ayant plus même la force de pleurer son mari, serre contre son sein le plus jeune de ses quatre enfants et regarde avec angoisse la dernière bouchée de nourri-

1. *Der deutsche Krieg in Feldpostbriefen*, IV, pp. 26, 27, 36, 69. 70, 184, 228.
2. GANGHOFER, pp. 21, 22, 26, 27, 29 ; ROSNER, *Der graue Ritter*, pp. 19-24.

ture qu'elle ait à leur distribuer[1]. Peut-on trouver un tableau plus pathétique des « misères de la guerre » ?

On ressent plus de dégoût à lire la monotone énumération de ces actes de cruauté que leurs auteurs ne semblent avoir éprouvé d'embarras à nous les décrire. Le plus souvent, ils les rapportent sans commentaires, et comme s'ils les trouvait toutes naturelles. Quand ils sentent le besoin de les justifier, ils les représentent, soit comme des conséquences inévitables de la guerre, soit surtout comme le châtiment d'actes d'hostilité commis par les habitants. Ce dernier argument reparaît trop souvent dans leurs plaidoyers pour qu'il ne soit pas inutile d'en montrer en passant l'insuffisance.

On pourrait d'abord leur objecter, si leur conscience s'embarrassait de pareils scrupules, que, de l'aveu même de leur gouvernement, les conventions de La Haye reconnaissent aux populations le droit de prendre les armes pour repousser l'invasion[2]. Il paraît préférable de les suivre sur leur propre terrain, en se refu-

---

1. KRACK, p. 115.
2. « Il est vrai que la conférence de La Haye, sur la proposition des petits Etats, a reconnu conforme au droit des gens un soulèvement spontané de la population, à condition que les armes soient portées ouvertement et que les lois de la guerre soient observées. » (Communication transmise à la presse locale par le Consulat allemand de Genève, le 31 août 1914 et insérée dans le recueil *la Grande Guerre* (Argus suisse de la presse, 1914.)

sant pour un instant à considérer les civils comme des combattants. — Remarquons d'abord que, sauf dans un ouvrage manifestement composé pour les besoins de la cause [1], leurs accusations sont presque toujours présentées sous cette forme conditionnelle : on nous dit, on nous rapporte... que dans tel village on aurait tiré sur la troupe [2]. Elles reposent donc sur des témoignages indirects, aussitôt dénaturés et grossis par les imaginations. Les soldats, par exemple, se répètent sérieusement que les femmes de Liége ont projeté sur les envahisseurs des torrents d'eau, d'huile ou même de goudron bouillant [3]. On se les imagine mal conservant assez de loisirs, au milieu d'une bataille de rues, pour procéder aux apprêts de cette cuisine guerrière, renouvelée du Moyen âge. Ailleurs, les « hyènes belges », déguisées en infirmières de la Croix-Rouge, emporteraient les blessés dans leurs maisons, où elles les dépèceraient membre à membre, après leur avoir coupé le nez, les oreilles et les doigts [4]. On sait qu'une enquête effectuée depuis dans les hôpitaux allemands n'a pas permis d'y découvrir une seule victime de ces fantaisies anato-

---

1. *Aus dem Kämpfen um Lüttich*, von einem Sanitätssoldaten. Berlin, Fischer, 1913.

2. Exemples dans *Der deutsche Krieg in Feldpostbriefen*, I, 26, 116-117.

3. THÜMMLER, I, p. 26 ; VI, p. 22 ; *Der deutsche Krieg in Feldpostbriefen*, I, p. 154.

THÜMMLER, III, p. 31.

miques. Le succès même d'aussi absurdes assertions est de nature à nous mettre en garde
contre la véracité de ceux qui les acceptent.

Après la forme dubitative qui semble les caractériser, il faut encore noter leur troublante
imprécision. Il est très rare que leurs auteurs
affirment avoir vu des civils tirer sur eux ; ils
se bornent le plus souvent à déclarer avoir essuyé des coups de feu partis des fenêtres des
maisons, et tirés en réalité par des soldats de
l'armée adverse, restés en arrière pour couvrir
la retraite de leurs troupes. Exaspérés de cette
résistance de détail, les envahisseurs trouvent
plus simple de l'attribuer à la population, sur
laquelle ils peuvent assouvir plus facilement
leur besoin de vengeance. Un exemple montre
jusqu'où peut aller chez eux la tyrannie de cette
obsession. Lorsqu'ils pénètrent dans Dixmude,
transformée en monceaux de ruine, leur premier soin est de fouiller les caves d'où les
marins français tiraient leurs derniers coups
de fusil, dans l'espoir d'y découvrir les « francs-
tireurs » tant redoutés [1] ; or, la ville était sou-
mise depuis plusieurs jours au plus épouvan-
table des bombardements, il n'en restait pas
une maison intacte, et tous les habitants en
avaient été évacués.

Il arrive parfois enfin que les détonations qui
jettent l'alarme et provoquent des représailles

---

1. THÜMMLER, XVII, p. 4.

dans les cantonnements proviennent des soldats allemands eux-mêmes. Le fait s'est notamment produit à Mulhouse, le lendemain de
la reprise de la ville sur les Français. Un
capitaine d'artillerie traversait à la tête de sa
batterie le faubourg de Bâle quand il entend
le bruit d'un coup de feu. Il croit à un guet-
apens et ordonne de fouiller les maisons voisines pour saisir le coupable et faire un
exemple. Ses hommes finissent par découvrir
un de leurs camarades de l'infanterie, qui
avait par mégarde fait partir son fusil en le net-
toyant [1]. Pour une fois où le malentendu a été
éclairci, dans combien de cas n'a-t-il pas dû
conduire à des méprises tragiques ?

Au cas même où quelques habitants auraient
pris part à la lutte, la disproportion resterait
monstrueuse entre les effets de leur intervention et la rigueur d'un châtiment qui frappe
indistinctement innocents et coupables. En
Belgique notamment, il s'en faut que la population ait partout manifesté la même hostilité
envers les envahisseurs. Si, dans le voisinage
de la frontière elle s'est montrée, d'après
eux, « simplement barbare » ou même *direkt
schweinisch* [2] (expression que sa brutalité soldatesque rend difficilement traduisible), elle a
conservé dans des régions entières une attitude

1. *Lieb Vaterland.*
2. THÜMMLER, III, p. 24.

correcte et pacifique [1]. Ses seuls essais de résistance s'y sont bornés à quelques tirailleries dirigées contre les avant-gardes cyclistes allemandes et restées dans la plupart des cas parfaitement inoffensives. Gottberg nous en donne lui-même la raison. « Pour s'en rendre compte, écrit-il, il suffit d'être familier avec ce genre de guerre. Des hommes dont la machine fend l'air à grande allure auraient une malechance phénoménale si, en passant dans une bourgade, ils étaient touchés par des coups tirés des fenêtres. Des bourgeois sont trop nerveux, trop troublés par l'émotion ou la crainte du châtiment pour viser avec sûreté. Quant aux soldats eux-mêmes, il leur manque également, avec l'habitude de tirer de haut en bas, le calme nécessaire pour atteindre le but [2]. »

La rigueur des mesures de répression provoquées par ces actes d'hostilité devrait en tous cas être mesurée à l'étendue des dommages qu'ils ont causés aux troupes. Qu'on juge par les extraits de lettres suivants de la manière dont a été observée cette règle de justice distributive : « Dans un village (près de Liége) occupé par nous, la population tira sur une patrouille de hussards ; *naturellement*, la localité tout entière a été livrée aux flammes

---

1. REINHARDT, p. 18 ; THÜMMLER, I, p. 25 ; GOTTBERG, pp. 75, 104.

2. GOTTBERG, pp. 66-67 ; même aveu dans *Unser Vormarsch bis zur Marne*, p. 44.

et des habitants pas un seul n'a échappé[1]. »
Mais il y a mieux encore. Dans un combat livré
le 22 août contre l'armée française en retraite,
« nous prenons, écrit un combattant silésien,
un premier village à la baïonnette et nous
voyons s'enfuir les pantalons rouges. Un coup
part d'une maison : c'est le signal pour les
incendier toutes. Ce n'est pas long; par les
fenêtres brisées, on jette à l'intérieur un tor-
chon de paille allumé, l'on ajoute du bois et l'on
n'a plus qu'à attendre. Nous avons ainsi fait
flamber encore quatre autres localités. Le soir,
c'était comme une mer de flammes[2] ». Ainsi cinq
villages anéantis pour un seul coup de fusil
tiré par un inconnu, peut-être par un traînard !
Est-il un exemple plus typique pour montrer
comment ces prétendues représailles n'avaient
en réalité pour mobiles qu'une rage sangui-
naire de meurtre et de destruction. Aussi
ceux qui les exercent finissent-ils par en
éprouver quelque honte : « Quand on a été
chargé de cette besogne de bourreau, déclare
Bülow, on ne l'oublie pas facilement ». Il est
vrai qu'il se hâte d'ajouter : « Nous ne sommes
pas coupables de tout ce sang versé, qui doit
retomber sur les instigateurs de la guerre[3] ».
C'est par cette dernière considération qu'un
autre combattant se console du sort de beau-

1. Thümmler, I, p. 25. Cf. II, p. 21.
2. Thümmler, V, p. 12.
3. Bülow, p. 134.

coup de victimes innocentes. « Oh ! s'écrie-t-il, quelle responsabilité ont assumée ceux qui ont à répondre devant leur conscience de pareils massacres ! » [1] Voilà une réflexion à laquelle peut souscrire sans arrière-pensée le lecteur français.

En réalité, les auteurs de ces atrocités ne pourraient invoquer à leur décharge qu'une seule circonstance atténuante : l'exaspération d'une lutte meurtrière contre un ennemi invisible. Quand leurs nerfs sont soumis à une trop rude épreuve, les soldats les plus disciplinés peuvent passer par des accès de rage qui réveillent un instant leurs pires instincts de brutalité, mais qui se terminent avec l'exaltation du combat. Ce qui rend au contraire particulièrement odieux les crimes allemands, c'est qu'ils sont commis de sang-froid, et bien souvent postérieurs aux entraînements qui pourraient au premier abord leur servir d'excuse. C'est bien après la prise de Liége qu'Hœcker, envoyé en patrouille dans les fermes environnantes, fait fusiller sous les yeux de ses parents un adolescent sur lequel on avait trouvé un vieux pistolet. Pour justifier cet acte d'inutile cruauté, il ne trouve à invoquer que les excès probables auxquels se seraient livrées les armées alliées, si elles avaient pénétré sur le sol allemand [2]. On re-

1. Thümmler, VII, p. 16.
2. Hœcker, pp. 26, 33.

connaît ici le sophisme employé déjà par le Gouvernement impérial pour tenter de légitimer la violation de la neutralité belge. Un mois après l'incendie de Louvain, il est encore interdit aux habitants de la ville de sortir à partir de 7 heures du soir. « Quiconque se laisse voir dehors est aussitôt fusillé [1] ». A la fin d'octobre, on jette dans une fosse, qu'il a été contraint de creuser lui-même, le cadavre d'un jeune homme soupçonné d'avoir « cherché à endommager » les communications télégraphiques [2]. Enfin, dans toutes les bourgades belges occupées par les troupes, le bourgmestre, le curé et les notables sont avisés qu'ils seront traités en otages, responsables sur leur vie de la moindre manifestation d'hostilité à laquelle se laisseraient entraîner leurs concitoyens.

La continuation de ce régime de terreur produit sur les habitants une impression d'épouvante dont il nous reste des témoignages singulièrement éloquents. Lors de l'occupation de la Belgique occidentale, on voit des femmes s'avancer au-devant des soldats, auxquels elles offrent leurs bijoux pour avoir la vie sauve. Témoin de ces scènes pénibles, Gottberg se scandalise fort de pareilles marques de défiance envers des guerriers qui ne sont

1. *Der deutsche Krieg in Feldpostbriefen*, I, p. 156.
2. *Ibid.*, p. 171.

point des barbares [1]. Lorsque Hœcker pénètre avec sa troupe dans Louvain, le premier spectacle qui frappe ses yeux est celui de deux enfants portant une marmite de soupe et agitant un petit drapeau blanc pour pouvoir traverser la rue sans s'exposer à recevoir une balle [2]. Une anecdote du même genre, présentée sous une forme assez symbolique pour qu'elle puisse servir de conclusion à ce chapitre, nous est contée par un journaliste italien, Luigi Barzini, au cours de sa visite dans la Belgique envahie.

« Aussitôt, écrit-il, que se répandirent les premières nouvelles de l'horrible martyre de Louvain, le commandement allemand autorisa les diplomates neutres à s'y rendre pour s'assurer de leurs yeux que tout s'y passait régulièrement. Aux approches de la ville, sur la route déserte, ils rencontrèrent une petite fille de six à sept ans, cheminant lentement, un panier à chaque main ; elle s'arrêta à la vue de l'automobile, laissa tomber ses paniers et leva ses deux mains en l'air. Elle *se rendait !* La pauvrette voulait montrer par ce geste obligatoire qu'elle ne portait pas d'armes. Ce fut un premier et minuscule épisode du voyage des diplomates, mais combien significatif !

La ville brûlait encore, une odeur cadavé-

---

1. GOTTBERG, pp. 68-70, 98-104.
2. HŒCKER, p. 47.

rique s'exhalait des maisons, des soldats chargés de butin sortaient des édifices demeurés intacts. La visite ne dura pas longtemps : elle fut interrompue, à peine commencée, par des décharges de mousqueterie qui firent retirer de la circulation, dans son propre intérêt, le corps diplomatique. On l'enferma à la station, on lui raconta que les coups de fusil étaient tirés par les habitants, et après lui avoir donné cette preuve lumineuse de la félonie belge, on le reconduisit à la station. Louvain avait mérité son sort ! [1] »

1. BARZINI, *Scene della grande guerra*, II, p. 167 seq.

XIII

L'ALSACE-LORRAINE

Il est un dernier point sur lequel le lecteur
français résiste difficilement à la tentation d'interroger les principaux documents de cette
enquête : c'est l'attitude des Alsaciens-Lor-
rains pendant la guerre. La fidélité de leurs
sentiments ne fait pas de doute à ses yeux,
mais il a vu leur loyalisme germanique proclamé en termes si grandiloquents dans des
documents officiels allemands qu'il est malgré
lui porté à se demander si ces assurances in-
téressées concordent avec les impressions des
simples combattants. Les résultats de cette
comparaison ne peuvent que paraître satisfai-
sants à son patriotisme.

C'est dans la Lorraine française que se sont
opérées au début les plus grosses concentra-
tions de troupes. Lorsque Gottberg y arrive
avec son détachement, il est aussitôt frappé de
la répugnance que mettent les habitants, soit
à répondre à ses questions, soit à fournir de

l'eau à ses soldats altérés. Il avouera même
avoir rencontré plus de complaisance de l'autre
côté de la frontière française. Il ne s'en étonne
d'ailleurs pas outre mesure, ayant été autrefois en garnison à Metz ; mais ses collègues,
nouveaux venus dans le pays, se montrent fort
scandalisés [1].

On retrouve la même déception, rendue
avec plus de vivacité encore, dans la lettre d'un
soldat saxon qui ne descend du train de mobilisation que pour débarquer à Sarrebrück.
« L'enthousiasme que le peuple nous avait
témoigné jusqu'à cette dernière ville cessa
comme par enchantement sur le sol de la Lorraine. Les Messins jetaient sur nos uniformes
des regards dépourvus de sympathie ; c'est à
peine si l'on rencontrait ici ou là une personne
que semblait réjouir la vue de nos braves
troupes. Ce qui nous frappa surtout, ce fut
l'expression de haine empreinte dans les regards des paysans. Mes camarades répétaient
avec stupéfaction : « Mais ce ne sont pas là
des Allemands, ce sont des ennemis ! » Nous
devions avoir à vérifier bientôt la justesse de
cette réflexion. D'un régiment d'infanterie on
apporta un soldat blessé, au cours d'une patrouille, par un garçon de quinze ans. Bientôt
les coups de feu ne s'arrêtèrent plus ; chaque
soir, et même le jour, on tirait sur nos postes

1. GOTTBERG, p. 28.

ou sur de paisibles troupiers : c'était, bien entendu, le fait de cette population qui avait été « allemande » pendant quarante-quatre ans... Malgré les avertissements du gouverneur de Metz, son hostilité à notre égard augmente chaque jour. La destruction de maisons anéanties avec leur contenu ne suffit même pas à ramener ces fanatiques à la raison. Des jeunes gens et des jeunes filles se font gloire d'avoir échappé aux « bourreaux » (c'est de ce nom qu'ils nous appellent). Ici l'on doit se faire un cœur d'airain. Nous procédons en effet avec rigueur. L'on fusille quiconque se rend suspect, l'on arrête celui qui parle français et on le fusille également s'il fait mine de résister. Ces gens-là sont nos ennemis les plus perfides, car ils nous assaillent par derrière, sans être aperçus. Ç'a été pour moi une véritable satisfaction que de pouvoir « descendre » deux francs-tireurs près de Saint-Privat[1]. ». L'imagination ou les terreurs du peintre ont fait sans doute ajouter quelques touches à ce tableau poussé au noir ; mais si on le rapproche du témoignage de Gottberg, quel jour ne jette-t-il pas sur les véritables sentiments des populations lorraines !

L'on comprend d'ailleurs qu'elles se soient révélées françaises de cœur, puisqu'elles l'étaient restées de langue. Celles de l'Alsace, qui parlent

---

1. Thümmler, III, pp. 3-4.

allemand, ont-elles eu au moins une attitude différente ? C'est là une question à laquelle les
combattants allemands répondent, à une exception près, avec la même unanimité négative.

Seul parmi eux, Bülow éprouve ou affecte
une joyeuse surprise de leur attitude ; les habitants d'un village des Vosges s'étant offerts à
soigner ses blessés, au retour d'une escar-
mouche dans la forêt, il transforme aussitôt
ce simple geste d'humanité en une éclatante
manifestation de patriotisme et en prend prétexte pour s'écrier : « Qui aurait cru cela avant
la guerre ? Toute l'Alsace allemande !... car les
rares francophiles ne peuvent entrer en ligne
de compte. Ils représentent une minorité toujours décroissante. Il y a des canailles (*Schwei-
nehunde*) partout. Il ne faut pas confondre
quelques traîtres avec nos braves paysans alsaciens[1]. » C'est là tirer d'un bien petit fait de bien
grosses conséquences, et les réserves mêmes
qui se mêlent à ces déclarations en atténuent
singulièrement la portée. Comment, d'ailleurs,
ne pas en suspecter la sincérité, quand on voit,
à quelques lignes d'intervalles, l'auteur se
plaindre, selon l'invariable habitude de ses
compagnons d'armes, de ce que des gens du
pays aient à diverses reprises fait aux ennemis des signaux lumineux pour leur indiquer
les positions allemandes[2] ?

1. Bülow, p. 62.
2. *Ibid.*, p. 65.

Aussi bien n'est-ce là qu'un témoignage isolé, dont l'optimisme de parade se trouve démenti par les impressions concordantes de tous ceux qui sont entrés en contact avec les populations du Reichsland. Un landwehrien wurtembergeois avoue qu'il a cru entrer en terre ennemie au cours de l'interminable étape qu'il fournit pour aller avec son régiment de Neuf-Brisach à Colmar. Dans les villages qu'il traverse, pas une acclamation, pas un cri à l'adresse de la troupe ; aucune réponse à la question d'usage : « Avez-vous vu les Français ? » Bien plus, un camarade, ayant demandé à se reposer dans une ferme, s'entend apostropher dans les termes les plus aigres et refuser un abri par la propriétaire. A Colmar, où réside une importante colonie d'immigrés, l'on trouve enfin des civils complaisants pour tendre des rafraîchissements aux arrivants. « Ce fut là seulement que nous eûmes de nouveau l'impression de vivre dans notre propre pays, parmi des frères allemands [1] ».

Pendant que ces renforts étaient envoyés en hâte en Alsace, les troupes françaises y pénétraient par le Sud et faisaient à Mulhouse une entrée dont les détails, popularisés depuis longtemps dans notre pays, nous ont été rapportés, sur un ton plaisant de pudique indignation, par un témoin allemand. Le vendredi 7 août,

---

1. *Lieb Vaterland.* Cf. THÜMMLER, III, p. 9.

celui-ci voit la poste et le chemin de fer interrompre leur service, les autorités s'éclipser
discrètement et les agents de police échanger
leurs uniformes contre des brassards aux couleurs alsaciennes. Le samedi, à la nuit tombante,
il assiste à l'entrée des Français. « Les jeunes
gens, écrit-il, qui de tout temps ont aimé le
bruit, les saluèrent de grandes acclamations,
auxquels s'associèrent malheureusement aussi
des personnes âgées, surtout de la classe ou-
vrière. Les gens pondérés montrèrent le danger
de manifestations dont les conséquences ne
pouvaient être que désagréables. Des milliers
de personnes contemplèrent l'entrée de troupes
françaises couvertes de fleurs : spectacle qui,
nous l'espérons, nous sera épargné dans l'avenir ». — « Beaucoup de gens, confirme un autre
Allemand, accueillirent les arrivants par le cri
de Vive la France ! Dans les villages environ-
nants, on leur avait jeté des bouquets qu'ils
piquèrent dans leurs canons de fusil[1] ».

On sait quelles rigueurs punirent, après le
retour des Allemands, l'attitude de la ville :
mitrailleuses braquées sur les principales rues,
désarmement de toute la population, expulsion
des étrangers, arrestations en masse de nombreux civils, parmi lesquels on reconnaît avec
étonnement un député à la Diète, c'est là un
luxe de précautions auquel on ne recourt d'or-

---

1. *Lieb Vaterland;* Thümmler ; III, p. 9.

dinaire qu'en territoire ennemi. Assez embarrassé pour justifier ces mesures de terreur sans paraître mettre en doute, ou le loyalisme de la population, ou l'humanité du commandement militaire, l'auteur de ces notes s'en tire par une supposition toute gratuite : des coups de feu auraient été tirés la nuit sur des officiers ou des soldats isolés : « Je ne puis croire, écrit-il gravement à ce propos, que d'aussi grossières gamineries (*gemeine Bubenstreiche*) soient le fait de Mulhousiens, bien que toute ville renferme des éléments douteux » ; et il préfère les attribuer à des traînards ennemis restés cachés dans les faubourgs.

Cette première apparition des Français à Mulhouse devait être peu après suivie d'une occupation de cinq jours (19-24 août) que marquèrent une série de petits combats livrés autour de la ville. Les lettres de ceux qui y prirent part nous apportent de nouveaux témoignages sur les dispositions des gens du pays, considérés comme des suspects et parfois traités en ennemis. Un officier d'artillerie, resté en arrière de sa batterie, demande sa route à un fermier « type de vieil Alsacien » ; comme toujours en pareil cas, celui-ci lui donne de fausses indications et l'aurait dirigé en plein sur les lignes ennemies si une femme ne l'avait averti à temps de son erreur. « Je reviens à la ferme, écrit-il dans son indignation, et je cherche le paysan qui m'avait indiqué le mauvais chemin ; il s'était malheureusement esquivé. Ce que je lui aurais fait, vous n'avez pas de peine à le deviner. J'avais déjà compté les heures qui lui restaient à vivre. » Parfois les choses prennent une tournure plus tragique. Un landwehrien raconte à sa famille comment, le 14 août, son régiment entrait à la nuit tombante dans un village voisin de Mulhouse quand il y fut accueilli par de véritables salves de coups de fusil, partis d'une briqueterie et de logements ouvriers annexes ; après un recul momentané, on s'élance à l'assaut des maisons suspectes, dont tous les habitants sont passés par les armes, sans enquête préalable sur leur culpabilité[1]. Voilà donc les « fidèles » Alsaciens traités comme de simples Belges ! Dans toutes les lettres du front enfin, les ecclésiastiques sont dénoncés à l'envi pour avoir donné aux soldats français des indications pendant la bataille ou un asile après la retraite. Quelle qu'en soit la valeur, ces accusations montrent combien les Allemands se font peu d'illusions sur les sentiments qu'ils inspirent à leurs sujets du Reichsland.

L'échec de leurs tentatives de germanisation devait paraître trop pénible à leur amour-propre national pour qu'ils n'en eussent pas cherché les causes et même les remèdes possibles. Leurs explications à ce sujet ne mettent guère en lumière que leur incapacité proverbiale à

---

1. *Lieb Vaterland*, passim.

comprendre les mentalités étrangères. L'un d'eux se borne à déclarer qu' « en Alsace les expressions usuelles, les mœurs et les coutumes sont restées françaises. Avant tout, une notable fraction du clergé à travaillé dans le sens anti-allemand ». C'est là se borner à constater ce qu'il faudrait éclaircir. Un autre, fidèle à l'habitude de ses compatriotes de tout ramener à des questions d'intérêt, écrit que « si les gros propriétaires sont francophiles, c'est probablement qu'en France les impôts sont moins élevés qu'en Allemagne », et que « les ouvriers et les paysans suivent naturellement l'opinion de ceux qui leur donnent du pain[1] ». Hans Bartsch, rencontrant en chemin de fer un Alsacien aisé, ne résiste pas à la tentation d'exercer sur lui son ardeur de propagande pangermaniste et lui vante longuement les mérites de l'administration allemande, si supérieure par l'ordre et la moralité à l' « avocasserie » qui caractérise le régime parlementaire français : « Qu'ils nous administrent tant qu'ils veulent, répond doucement l'Alsacien, mais qu'ils ne nous rudoient pas[2] ! »

Dans son laconisme, cette courte répartie contient un sens profond et peut être illustrée par une petite histoire racontée sans nul embarras par un soldat qui s'en croit le héros.

---

1. THÜMMLER, VI, p. 9.
2. BARTSCH, p. 236.

Étant de garde à un embranchement de la ligne Molsheim-Schlestadt, il voit passer à la gare un convoi de prisonniers français. « Comme une adolescente, dit-il, tendait à l'un de ces derniers une friandise en sucre, je la lui arrachai des mains dès que je m'en aperçus et, au grand scandale des nombreux habitants présents, j'envoyai un soufflet à cette indigne jeune fille, qui était pourtant de bonne famille. Une semonce soignée, en allemand clairement intelligible, suivit ce geste « d'éducation populaire en pays frontière » (*Grenzvolkserziehung*). Lorsque la mère vint s'en plaindre à moi, je lui renouvelai oralement cette leçon [1] ». L'anecdote se passe de commentaires ; il serait fâcheux de la laisser perdre, parce qu'elle symbolise l'esprit et explique l'échec de toute une politique.

Ajouté à tant d'autres, ce trait peut servir à compléter la physionomie morale des paladins de l'Allemagne moderne et permet en même temps de préciser par un dernier exemple le genre d'intérêt que présente pour nous le dépouillement de leurs souvenirs du front. Si la lecture en semble en maintes rencontres pénible, elle ne cesse pas d'être instructive et elle devient même parfois plus réconfortante qu'on ne se le serait imaginé. L'on ne tarde pas à y voir apparaître certaines vérités qu'au-

---

1. Thummler, VI, p. 9.

cune censure au monde n'est assez forte ou
assez habile pour étouffer. L'on y découvre
sans peine, sous les prétentions qui y éclatent,
des réticences ou même des aveux par lesquels
se trahissent les véritables sentiments des combattants allemands, les crimes qui ont souillé
leurs armes, les faiblesses morales qui con-
damnent leurs succès du début à rester sans
lendemain. L'on y suit, avec le déclin graduel
de leurs espérances, les progrès de leur involontaire estime envers ces adversaires qu'ils
rêvaient d'abord d'anéantir en quelques jours
et qui finissent par s'imposer à eux par la ténacité de leur résistance. C'est en ce sens que leurs
récits peuvent devenir également précieux aux
historiens futurs et aux témoins présents de la
guerre européenne : si les uns doivent y trouver un jour des raisons de comprendre, les
autres peuvent en retirer dès maintenant des
motifs d'espérer.

FIN

TABLE DES MATIÈRES

———

LIVRE TROISIÈME

LES RÉALITÉS ET LES AVEUX

4432. — Tours, Imprimerie E. ARRAULT et Cⁱᵉ.